METAMORFOZA KROZ OMEGA DIMENZIJU

milena

Copyright © M Publishing 2013

Revidovano izdanje 2025

Sva prava rezervisana

Nijedan deo ove knjige se ne može reprodukovati ili čuvati prebačen niti u jednu formu (bilo elektronski, mehanički, fotokopiranjem, snimanjem ili na bilo koji drugi način), bez prethodne pismene dozvole vlasnika izdavačkih prava

Ilustracije
Zorica i Dragan Jovanović Ignjatov
zodrag@gmail.com

Naslov originala
Metamorphosis
through the Omega Dimension

Prevod
Autor

Lektor
Nada Petrović

Izdavač
Milena

www.milena-sacredgeometry.com

ISBN
978-1-909323-02-5

SADRŽAJ

UVOD 4
DOBA U KOME ŽIVIMO 14
ZLATNO DOBA I KAKO SMO BILI PRIPREMANI ZA NJEGA 34
KAKO JE KNJIGA ZNANJA STIGLA DO NAS 46
SVRHA I KARAKTERISTIKE KNJIGE ZNANJA 52
RAD NA STAZI KNJIGE ZNANJA 60
ŽIVETI U ZLATNOM DOBU 74
OBJAŠNJENJA 82

RUMI

U maju 2000. godine, na jednoj konferenciji u Londonu, naišla sam na luksuzno opremljeni magazin sa citatima iz *Knjige Znanja*, objavljen od strane *Svetske Bratske Unije Mevlana Vrhovne Fondacije* u Istambulu. Zvao se *Milenijum Magazin*. Kad sam ga otvorila i počela da čitam, bilo mi je teško da ga ostavim. Činilo se da su informacije koje nosi upravo ono za čime sam oduvek tragala.

Neki redak osećaj potvrde mog najdubljeg identiteta, pobuđen ovim prvim susretom sa energijom *Knjige Znanja*, rezultirao je momentalnom željom da pročitam celu knjigu. Stoga, naručila sam je od Fondacije u Istambulu i ona je stigla na dan letnjeg solsticija – 21. juna.

Po prispeću paketa, stavila sam ga na sto, otpakovala i ljubičasto-zlatna knjiga se ukazala preda mnom. Pošto sam na kratko uživala u lepoti njene forme, otvorila sam je nasumice i pogled mi se spontano zadržao na reči Rumi. Obuzeta iznenađenjem što sam naišla na Rumija u njenom tekstu, otvorila sam je ponovo, preskočivši par stotina stranica. Moje oči su se najpre fokusirale na jedan paragraf, a zatim na jedan red u njemu, i ponovo je prva reč koju sam razabrala bila Rumi!

U to doba, čitala sam Rumijevu poeziju svako veče. Bio je to redovni susret koji je trajao nekoliko godina, od momenta od kada sam otkrila ovog sufi mistika. Energija njegovih reči je bila lek za moje biće i darivala me unutrašnjim mirom i osećanjem sveopšte ljubavi, pomažući mi tako da se nosim sa realnošću rata u mojoj domovini, tipičnim problemima emigranta, finansijskim neizvesnostima i ostalim životnim izazovima.

Ko god da me je doveo ovde, moraće da me vrati kući.
Mevlana Dželaledin Rumi

NOVO ROĐENJE

Sasvim je izvesno da nisam očekivala da naiđem na Rumija u *Knjizi Znanja*. Međutim, još veće iznenađenje je bilo naići na to ime prilikom dva nasumična otvaranja knjige, pogotovu kad sam otkrila da se u njenih 1111 strana Rumi pominje samo par puta. I dok sam spoznavala šta se sa mnom događalo kod prvog susreta sa ovom knjigom, polako sam je zatvorila. Jedini način da izrazim nadošla osećanja, i za mene samu nadasve iznenađujući, bio je da vrisnem – i to sam i učinila!

Neobično glasan vrisak bio je spontana reakcija na višedimenzionalno poravnanje kojeg sam u momentu postala svesna, a koje je obuhvatalo brojna iskustva čiji je sled rezultirao pojavom *Knjige Znanja* na mom stolu. I uzbuđena i opuštena, osećala sam zahvalnost što se ovaj eonima ranije zakazani susret upravo događa.

Tada nisam mogla ni da naslutim da je iznenada nadošli vrisak obeležio i moje novo rođenje, jer je sa *Knjigom Znanja* u mom životu započelo moje unutrašnje preoblikovanje putem njenih Beta energija!

Tada nisam mogla da naslutim ni da će se ova metamorfoza energije, trenutno kodirane mojim imenom (Milena), nastaviti na neuporedivo svesniji način!

ČITANJE KNJIGE ZNANJA

Iako sam od samog Početka bila privučena Energijom *Knjige Znanja*, ne znači da sam bila u stanju da sasvim razumem ono što sam čitala. Primetila sam, takođe, neke njene lingvističke neobičnosti kada je reč o formiranju rečenica ili upotrebi velikih slova bez vidljivog pravila.

Postoji više razloga zbog kojih se ne može u potpunosti shvatiti tekst *Knjige Znanja*. Jedan od njih potiče od činjenice da se njene informacije otvaraju sa protokom vremena.

Svaki novi vremenski trenutak donosi drugačiju i intenzivniju energiju na našu planetu i ta energija se specijalnim kosmičkim tehnikama inherentnim *Knjizi Znanja* ubacuje na frekvencije njenih slova i sastavni je deo Frekvencije Značenja. Tako se opseg informacija menja sa protokom vremena te će u budućnosti, sa snažnijim energijama, svest višeg nivoa pronaći brojnija značenja u istim rečenicama koje mi danas čitamo.

I pored ovih neobičnih karakteristika *Knjige Znanja*, čitam je i uživam u njoj, promatrajući kako mi pomaže da proširim opseg razmatranja sebe same i SveStvorenog. Uočila sam kako me čini pozitivnijom, i pritom otkriva sve boljeg čoveka u meni što se, naravno, dešava svima koji je čitaju. To je njena jedinstvena moć.

Opremljena nama nepoznatim kosmičkim tehnikama, *Knjiga Znanja* prenosi kosmičku svetlost kojom otključava našu BOŽJU ESENCIJU. Vremenom nam tako predstavlja naše istinsko Ja. Zbog ove sposobnosti da aktivira naše suštinske vrednosti, zove se i *Knjigom Esencije*.

POSTALA SAM JAČA

Samo iskustvo čitanja *Knjige Znanja* i primene programa vezanih za nju, u meni je probudilo sećanje na moje kosmičko poreklo. Knjiga baca svetlost na lanac uzroka i posledice, unutar kosmičkih zbivanja čiji sam i ja deo, i sasvim neočekivano mi pruža odgovore relevantne za svrhu mog boravka na ovoj planeti.

Knjiga je takođe otvorila nova vrata ka mom unutrašnjem biću i svakim danom me približava mojoj *Esenciji*[1], gde je skrivena univerzumska istina o meni. Knjiga mi nudi životni kontekst u kome je sve smislenije i prihvatljivije. Kao rezultat svega toga, postajem snažnija – mentalno, emotivno pa čak i fizički. Kako sam to otkrila?

Evidentno, postalo mi je lakše da prihvatim ono kroz šta u životu prolazim. To ne znači da mi je pre susreta sa *Knjigom Znanja* manjkalo razumevanje duhovne strane stvarnosti, ili značaja prihvatanja Božje Volje čemu nas i religijske knjige uče.

Snaga je došla kao svesna sposobnost boljeg nadgledanja i kontrolisanja mene same, iako izazovi i dalje postoje. Taj novi kapacitet, reflektovan kroz moje ponašanje, jasno proističe iz energetskih koristi od rada sa ovom kosmičkom knjigom.

Pozitivne fizičke promene su bile najuočljivije pošto sam dovršila program prepisivanja *Knjige Znanja* slobodnom rukom. Dok sam prepisivala, bila sam svesna izvesnih energetskih procesa u predelu nižih čakri, poput uklanjanja blokada koje su postojale mimo mog znanja o njima. Kao rezultat, moje telo se vratilo u stanje lakoće koje se sećam iz mladalačkih godina.

Radeći u programima *Knjige Znanja* postala sam svedok činjenice da nas knjiga obilato napaja energijom, i kontinualno podstiče motivaciju ka filantropskim naporima. Takođe sam u stanju da promatram kako se moja sposobnost konstruktivnog delovanja povećava.

Vreme od prijema informacija, preko donošenja odluke, pa do akcije u tom smeru se smanjuje, pri čemu, naizgled bezrazložno, moje samopouzdanje i radost rastu. Postaje mi nedvosmisleno jasno da što su niže energije, na kojima počivamo, slabija je moć da kontrolišemo naše telo, misli, reči i dela.

Kako nadoknaditi naše evolucijske nedostatke?

Upotrebom kosmičkih tehnika nepoznatih modernoj nauci, kao direktna knjiga *Gospoda*[2], *Knjiga Znanja* je bila pripremljena da na najefikasniji način pomogne upravo taj proces i razvije nas do stupnja *savršenog ljudskog bića*[3]. Ona nas osnažuje na svim planovima i tako pomaže da lakše i brže prevaziđemo preostale slabosti.

Knjige Znanja je svakako izvanredan izbor za sve nas kad je u pitanju savladavanje evolucijskih izazova.

NOVE DEFINICIJE

Tokom višegodišnjeg rada sa *Knjigom Znanja*, moje shvatanje realnosti, istine i mene same se još uvek primetno razvija pod njenom svetlošću. Moja zadivljenost, neobičnim kvalitetima ove knjige, takođe raste svakim novim danom.

Na našoj planeti, trenutno ne postoji precizniji termin kojim bismo opisali fenomen *Knjige Znanja*, od reči *knjiga*. Međutim, *Knjiga Znanja* je više od toga jer skenira evolucijski nivo osobe koja je čita i energetski se prilagođava svakom čitaocu.

U isto vreme, knjiga menja svoju sopstvenu auru, shodno kosmičkoj energiji koja neprekidno pristiže na planetu. Ona prima i reflektuje *kosmičku energiju*[4] prisutnu na Zemlji upravo onog momenta u kojem se čita.

Pošto je po mnogim parametrima *Knjiga Znanja* živa, poput živućeg entiteta u obliku knjige, ona nas navodi da na novi način razmišljamo o tome šta je to živi entitet, a šta objekat, kao i o tome šta je svetlost, svest, znanje, ljudsko biće ili pak kompjuter.

FOTOGRAFIJE NAČINJENJE P.I.P. TEHNIKOM OTKRIVAJU DA SE
KNJIGA ZNANJA PONAŠA POPUT ŽIVOG BIĆA
Knjiga:

- kontinualno menja svoju auru, kako energija vremena struji kroz nju

- podešava svoj energetski intenzitet kapacitetu svakoga čitaoca

- osvežava značenje sopstvenog teksta kosmičkom energijom, koja se svakog novog trenutka upisuje u frekvencije slova

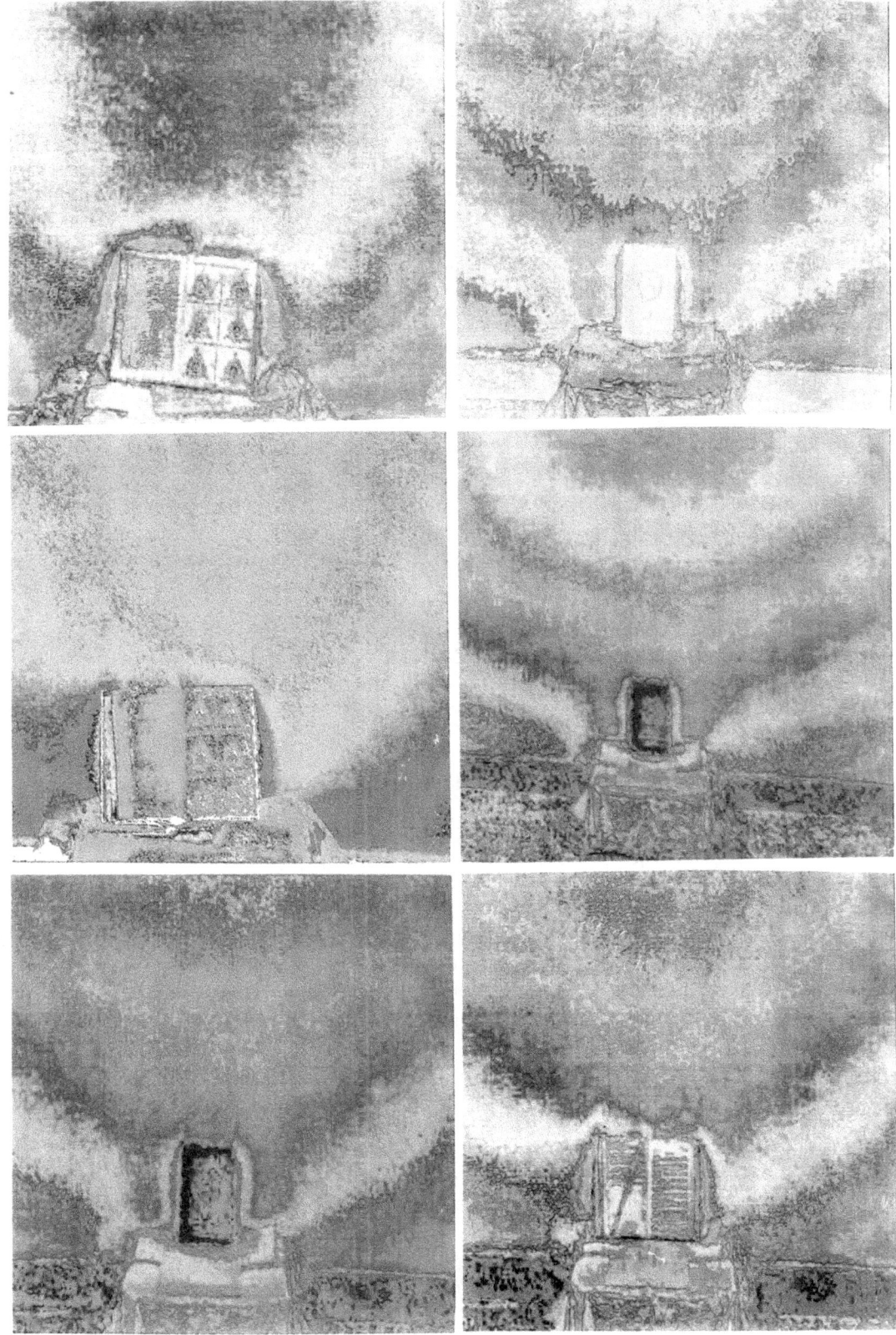

Knjiga Znanja je energetska totalnost kroz koju *Sistem*[5] projektuje svoj operativni poredak. Kosmičke tehnike korišćene u njoj su još uvek izvan dometa moderne nauke na našoj planeti. Otuda su procene *Knjige Znanja* zasnovane na zemaljskim paradigmama, nepodobne da dosegnu i razjasne njenu suštinu. Međutim, jednoga dana, naučnici će uzeti ovu knjigu u ozbiljno razmatranje i primenom naprednije tehnologije objasniti kako *Knjiga Znanja* funkcioniše. Do tada, kao i posle toga, ovoj knjizi će nas privlačiti naša Esencija, koja prevazilazi potrebu za racionalnim objašnjenjima – mada se oseća sigurnom u ono što preduzima.

Svakako, bez čitanja *Knjige Znanja* i rada u njenim programima, nemoguće je znati koliko ona može da nam pomogne u životu. Stoga je moja najdublja želja da vas ova moja knjižica inspiriše, da u tom smislu date šansu *Knjizi Znanja*.

OMEGA KNJIGA

Svete Gospodnje knjige nam prenose energije zaključno sa 18. *evolucijskom dimenzijom*[6]. *Knjiga Znanja* je najnoviji nebeski vodič dat planeti Zemlji, poslat shodno komandi Gospoda. Međutim, ovoga puta je Njegova direktna knjiga preneta energijama izvan religijske dimenzije.

Knjiga Znanja je data da oslobodi čovečanstvo od ega, individualizma i drugih uslovljenosti – kako bi egzistencijalne istine mogle da budu shvaćene i neophodan energetski potencijal formiran na Zemlji. Ovaj potencijal će obezbediti budući globalni mir i sreću. On je ključan za integracijske procese čovečanstva čiji opseg, zapravo, prevazilazi nivo naše planete.

Knjiga je diktirana iz 19. dimenzije, takođe zvane *Omega dimenzija*[7], koja je sada po prvi put otvorena našoj planeti. Međutim, *Knjiga Znanja* je knjiga beskrajnih dimenzija, obzirom na tehnike koje deluju kroz nju, i u budućnosti će na nas reflektovati mnogo intenzivnije energije svojstvene tim vremenskim segmentima.

Zašto je ova nama nepoznata evolucijska dimenzija komunicirala sa planetom Zemljom, baš sada, diktirajući nam *Knjigu Znanja*? Ono što sledi je moj pokušaj da odgovorim na to pitanje i predočim osobine ove knjige koje je čine jedinstvenom, kao i neizostavnim prijateljem svakog ljudskog bića. *Metamorfoza kroz Omega dimenziju* je u potpunosti zasnovana na informacijama iz *Knjige Znanja* i odslikava moje razumevanje te knjige.

Omega je fokalna tačka koja reflektuje slojeve Duhovnog i Gospodnjeg Plana. Refleksije Duhovnog Plana dosežemo mislima i one razvijaju pojedinca, dok refleksije Gospodnjeg Plana nadgledaju taj razvoj a dosežemo ih privlačeći energiju.

Trenutno, Omega reflektuje $4 \times 19 = 76$ energetski intenzitet na našu planetu. U budućnosti će svaki od četiri kanala reflektovati tu energiju (76) jer će naša planeta dosegnuti moć da privuče toliki energetski intenzitet ($4 \times 76 = 304$).

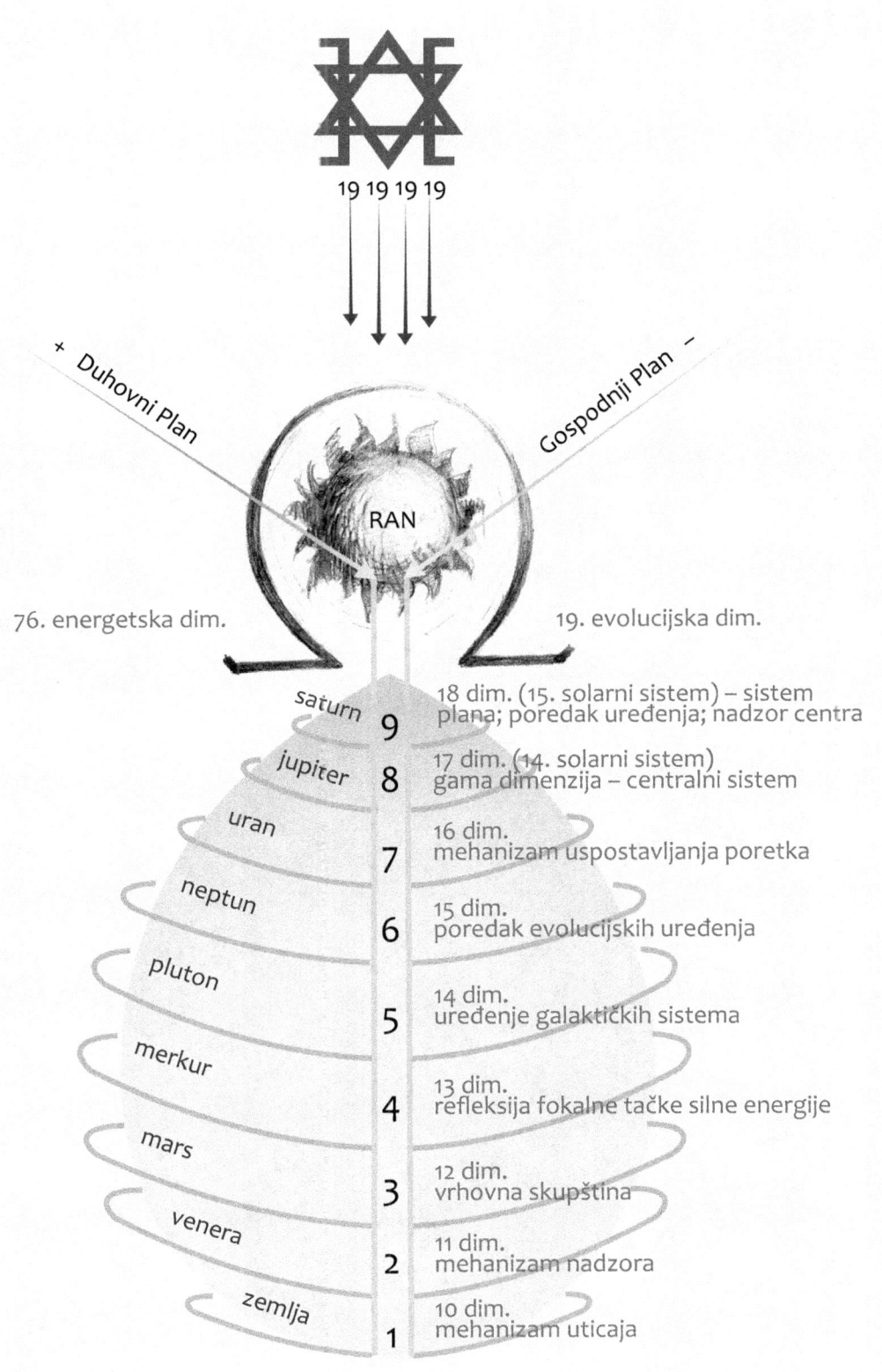

leva dimenzija sunca

Da bismo razumeli razloge i svrhu uručivanja *Knjige Znanja* našoj planeti, neophodno je pogledati na život i ljudsko biće na Zemlji unutar šireg konteksta – kosmičkog, a ne zemaljskog.

ŽIVOT NA ZEMLJI

Planeta Zemlja je prirodni svemirski brod. Naš život na njoj je vrsta škole – ogranak univerzumske škole života.

U ovoj školi, svesna energija (prisutna u materijalnoj formi zvanoj *ljudsko biće*), prolazi kroz evoluciju u medijumu Božje i Duhovne energije na putu ka univerzumskim dimenzijama i *Dimenziji Istine*[8].

Energetski dinamizam univerzuma se kontinualno reflektuje i na našu planetu, obezbeđujući tako neophodnu energiju/informacije za školski program na Zemlji. Na stazi božanske svetlosti, u ovoj školi, mi učimo istinu i stičemo svest kroz iskustva (koja nazivamo *sudbinom*).

Svi događaji kroz koje smo prošli, uključujući i sadašnje i buduće, su aranžirani tako da nam ponude iskustva neophodna za proširenje naše *spoznaje*[9] i svesti, kako bismo dovršili evoluciju.

EVOLUCIJA I NJENA NUŽNOST

Istine su bile upisane u naše gene. Otkrivanje svih tih informacija zavisi od evolucije i svesti date osobe. Stoga, da bi ostvarilo potpun genetski potencijal, ljudsko biće je izloženo obrazovanju i evoluciji.

Evolucija je nužna za našu **misao, svest i ćelijski potencijal**, ali ne i za *duh*[10]. Duh je nedeljiva totalnost izvan našeg *tela*[11]. Energija svesti nas povezuje sa njom putem tzv. *srebrnog užeta*[12].

Materijalna energija našeg sadašnjeg tela na Zemlji, lišena je svoje duhovne suštine – što znači da mi još uvek živimo u nekompletnom, prolaznom, telu.

Duhovna energija je prirodni potencijal koji niti raste niti se smanjuje. To je svetrajuća, silna energija, i mi joj prilazimo postepeno. Evolucija je program koji nas približava ka njoj.

Putem evolucije, naš potencijal na materijalnom nivou se ojačava, stremeći da dosegne naš potencijal na duhovnom nivou. Kad se ta dva potencijala izjednače, naše biološko telo, sačinjeno od grube materije, potražuje svoj celokupni prirodni potencijal iz slojeva moći unutar Duhovne Totalnosti na koju je povezano srebrenim užetom. Tada celokupni ćelijski potencijal naše biološke konstitucije biva ojačan duhovnim energijama koje mu pripadaju.

Spajanjem sa svojom duhovnom esencijom, naše fizičko telo dosegne punu životnu moć te tako najzad postaje stvarno. Takvo, besmrtno, telo nam omogućava da se krećemo kroz naprednije dimenzije – jer smo konačno stekli apsolutnu dominaciju nad njim, pri čemu smo takođe transformisali svaku našu ćeliju u tzv. *ćelijski mozak*. Tek od ovog stupnja, mi se smatramo savršenim ili istinskim ljudskim bićima shodno kriterijuma Stvoritelja.

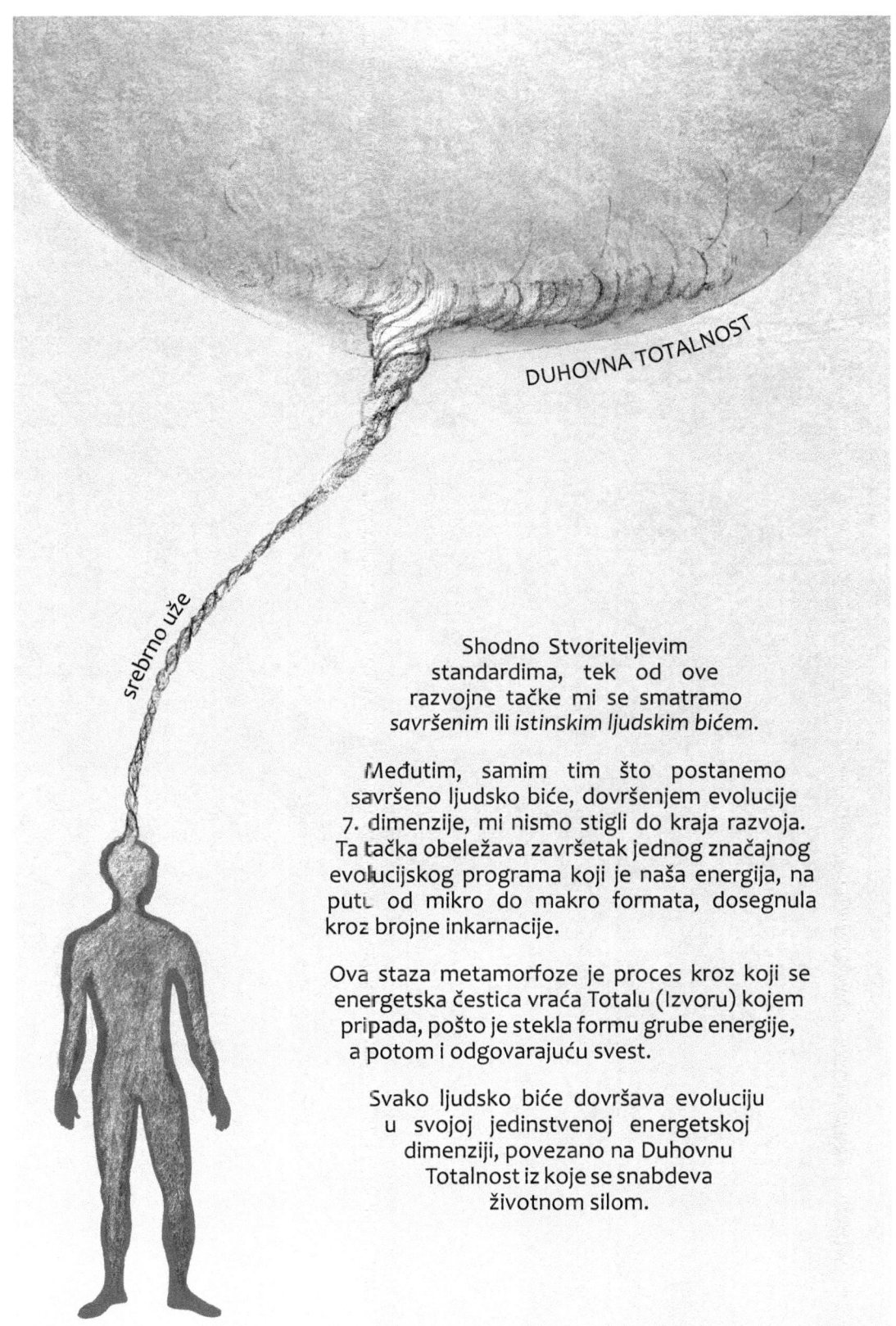

Shodno Stvoriteljevim standardima, tek od ove razvojne tačke mi se smatramo *savršenim ili istinskim ljudskim bićem.*

Međutim, samim tim što postanemo savršeno ljudsko biće, dovršenjem evolucije 7. dimenzije, mi nismo stigli do kraja razvoja. Ta tačka obeležava završetak jednog značajnog evolucijskog programa koji je naša energija, na putu od mikro do makro formata, dosegnula kroz brojne inkarnacije.

Ova staza metamorfoze je proces kroz koji se energetska čestica vraća Totalu (Izvoru) kojem pripada, pošto je stekla formu grube energije, a potom i odgovarajuću svest.

Svako ljudsko biće dovršava evoluciju u svojoj jedinstvenoj energetskoj dimenziji, povezano na Duhovnu Totalnost iz koje se snabdeva životnom silom.

PRIHVATANJE VOLJE TOTALA

Prisustvo Stvoriteljeve čestice u nama, vodi nas nazad ka Njemu, to jest ka našem potpunom genetskom potencijalu. Ta čestica je izvor volje u nama i ona teži da kroz nas reflektuje *Volju Totala*[13]. Tako, iz jednog u drugi život, mi učimo da raspolažemo *individualnom voljom*[14] usmeravajući je ka Volji Totala.

Kad se svesno predamo Volji Totala, to znači da smo razumeli univerzumske zakone i pravu svrhu naše egzistencije. Od tada, najveću čast nalazimo u svesnom služenju Totalu, jer shvatamo da podržavanje poretka Totala znači podržavanje primarnih potreba bilo kojeg pojedinca u njemu. Ova zrelost najavljuje rođenje naše misija-svesti.

Prihvatanje Volje Totala omogućava beznaporni tok univerzumske moći kroz naše biće. To znači da smo evolucijski spremni da je energetski primimo na nivou naše materijalne ćelijske strukture, naših misli i naše svesti. Tek tada počinjemo da živimo u istinskom jedinstvu sa SveStvorenim.

ALFA-ulaz – OMEGA-izlaz

Na našoj planeti, ljudska bića počinju svoju evoluciju u 3. dimenziji, što se simbolično naziva *ulaz kroz ALFA kapiju*, jer inicijalno obrazovanje kreće putem ALFA energija. Oni koji uspešno prođu sve svoje ispite u ovoj životnoj školi na Zemlji, i na osnovi Alfa energija privuku i asimiliraju BETA energije OMEGA dimenzije, dobijaju dozvolu da izađu kroz OMEGA kapiju. Stoga je ljudska evolucija na ovoj planeti primena programa *ALFA-ulaz – OMEGA-izlaz*, što su nam još svete knjige nagovestile dobro poznatom rečenicom: *Ja sam Alfa i Omega, reče Gospod Bog.*

Međutim, razvoj nema kraja. Svest je neprekidno pod izazovom da prevaziđe dimenziju u kojoj je, evoluirajući tako ka Beskonačnoj Svesti.

Ljudska bića stiču svest proporcionalno sposobnosti da dosegnu čestice Božje večne Totalnosti Svesti.

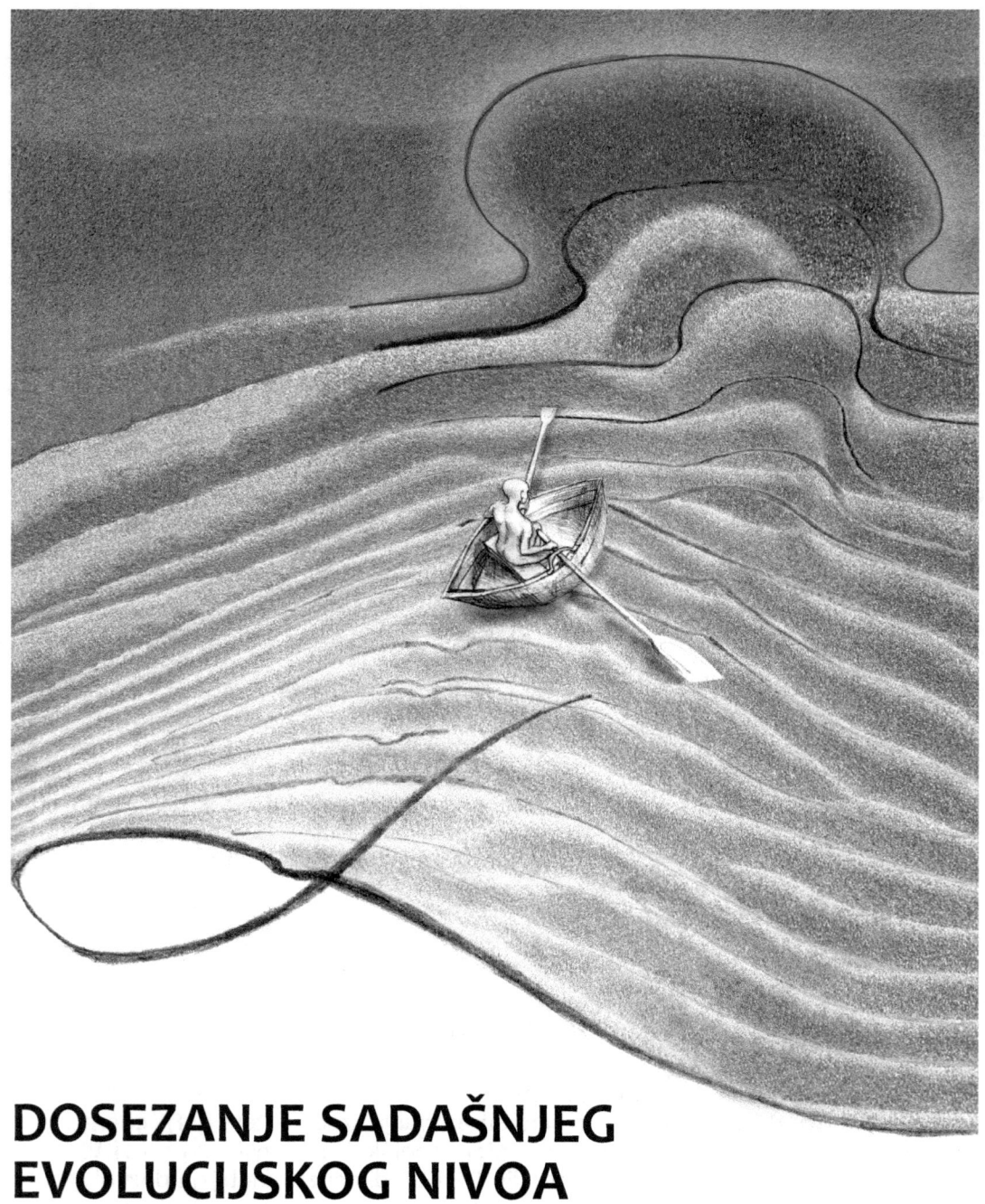

DOSEZANJE SADAŠNJEG EVOLUCIJSKOG NIVOA

Tokom poslednjih 6000 godina, naša planeta je bila uzeta u specijalni program pripreme za ostvarenje progresa svesti. Tokom ovog perioda, *Božanski Plan*[15] je počeo da se obraća ljudskim bićima na Zemlji koristeći svete knjige i rečnik vere.

Svrha svetih knjiga je da omoguće evoluciju čovečanstva kroz energije dimenzija iz kojih one potiču. Stoga svaka od ovih knjiga pročišćava, obrazuje i trenira ljudsko biće kroz svojevrstan energetski opseg. Kao rezultat, ljudska svest se širi i doseže shvatanje o Jednom Bogu.

Zašto su samo Gospodnje knjige istinski katalizator evolucije ljudskog bića? Razlog je u nama nepoznatim moćima, koje deluju kroz njih. One su u stanju da menjaju strukturu atoma kao i duhovne kvalitete koji se ispoljavaju kroz materiju. Neke od ovih moći su inherentno svojstvo određenih boja duginog spektra. Njihovo prisustvo unutar Zemljinog energetskog medijuma, na žalost, ne obezbeđuje dovoljno brzu evoluciju naše ćelijske strukture i svesti. Stoga su svete knjige bile poslate da ubrzaju naš razvoj.

Na kolektivnom nivou, cilj svetih učenja je da što veći broj ljudi okupe oko istog gledišta. U tom smislu su religije neosporno postigle veliki uspeh.

Pročišćavanje ljudskih bića znači postizanje otmenih osobina poput: odanosti, vere, unutrašnjeg mira, opraštanja, bezuslovne ljubavi, skromnosti, altruizma, zahvalnosti, strpljenja, tolerancije, prihvatanja i dobre volje. Istinsko ljudsko biće emanira ove kvalitete iz svoje Esencije, a ne rečima ili frekvencijama tela. Istinsko ljudsko biće je ono koje voli (čak i kad nije voljeno), koje daje (pre nego dobije), koje je u stanju da zagrli svoga "neprijatelja" i podeli obrok sa njim.

Pored drugih ciljeva, svete knjige je trebalo da nas predstave nama samima i da nas pripreme za potrebe sadašnjeg Doba. (Uvek je energija starog ta koja donosi novo, tako da ništa nije izgubljeno.) Međutim, zbog mnoštva različitih interpretacija, krajnji cilj globalnog ujedinjavanja ljudskih bića pomoću svetih knjiga nije postignut. Ove savršene Božje knjige stoga nisu uspele u potpunosti da ostvare svoju misiju.

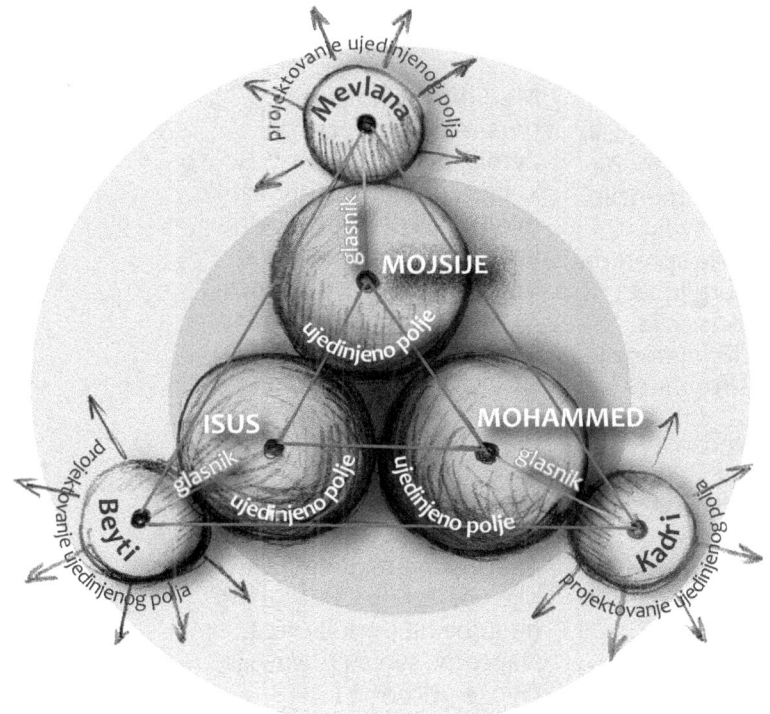

Kad osoba putem svetlosti sopstvene svesti dosegne frekvenciju magnetne aure svete knjige u koju veruje, ona ulazi pod zaštitu tog UJEDINJENOG POLJA. Ovo se postiže putem svesti istinski odane Bogu. Međutim, da bi osoba ušla pod zaštitu Sistema, unutar aure *Knjige Znanja* koja se trenutno formira, neophodno koristi trougao *intelekt-logika-spoznaja* na stazi svesnog služenja Bogu iz Esencije.

ŠTA SVETE KNJIGE IMAJU ZAJEDNIČKO

SVE SVETE KNJIGE SU BILE DIKTIRANE SVETIM PROROCIMA, KROZ ISTI DIREKTAN KANAL GOSPODA

Iako su sve svete knjige poklonjene čovečanstvu na isti način, putem direktnog Gospodnjeg kanala zvanog *Alfa kanal*[16], svaka od njih je stigla iz druge dimenzije i ima specifičnu frekvenciju. Na primer, *Novi Zavet* je bio pripremljen i diktiran iz 9. *dimenzije*[17] dok je *Kuran*, koji je stigao nekih šest vekova kasnije, bio pripremljen u 18. dimenziji. Međutim, *Kuran* je takođe bio diktiran iz 9. dimenzije, pošto u VII veku svest zajednice nije bila spremna za direktnu energiju 18. dimenzije. Informacije date iz 10. do 18. dimenzije su stoga bile šifrovane.

Do sada je čovečanstvo imalo gotovo 14 vekova da u potpunosti dosegne riznice ove svete knjige, i dešifruje njene informacije shodno sticanju moći da privuče energije 18. dimenzije. Oni koji su to vremenom uspeli, kao duhovni predvodnici pomagali su drugima da dosegnu energije viših dimenzija.

SVAKA SVETA KNJIGA JE OFORMILA SVOJU AURU

Svaka knjiga Gospoda (*Filozofije Dalekog Istoka, Davidovi Psalmi, Stari Zavet, Novi Zavet i Kuran*) ima svoju auru. Ove aure su formirane putem mentalnih napora onih koji su kroz stoleća čitali, studirali i prepisivali svete knjige. Emanacije njihovih misli su okupljene u elektromagnetna polja sačinjena od frekvenicija svake od ovih knjiga.

Međutim, iz kosmičke perspektive života na Zemlji, period svetih knjiga i proroka je prelazni evolucijski period. Shodno kosmičkim proračunima, očekivalo se da se okonča sa 1999. godinom. Kao što svet oko nas pokazuje, situacija se ne uklapa u potunosti u to kosmičko predviđanje.

U sredinama gde religijsko ispunjenje (zasićenje energijama 18. dimenzije) nije postignuto, religije još ne gube na popularnosti. Naprotiv, sve su prisutnije. Ovo je prirodno i neophodno, pošto je završetak evolucije kroz religijsku dimenziju nužan uslov da bi se ljudsko biće otisnulo u evoluciju kroz univerzumske dimenzije.

FORMALNO BOGOSLUŽENJE

U religijskoj dimenziji, služenje Bogu je formalno; najpre potiče iz straha, a kasnije iz Esencije. Bogosluženje koje se sada očekuje je zasnovano na znanju i svesti izvan religijske dimenzije, mada i dalje dolazi iz naše Esencije. Oni koji ne mogu da prevaziđu strah i formalno bogosluženje, ne smatraju se pročišćenim.

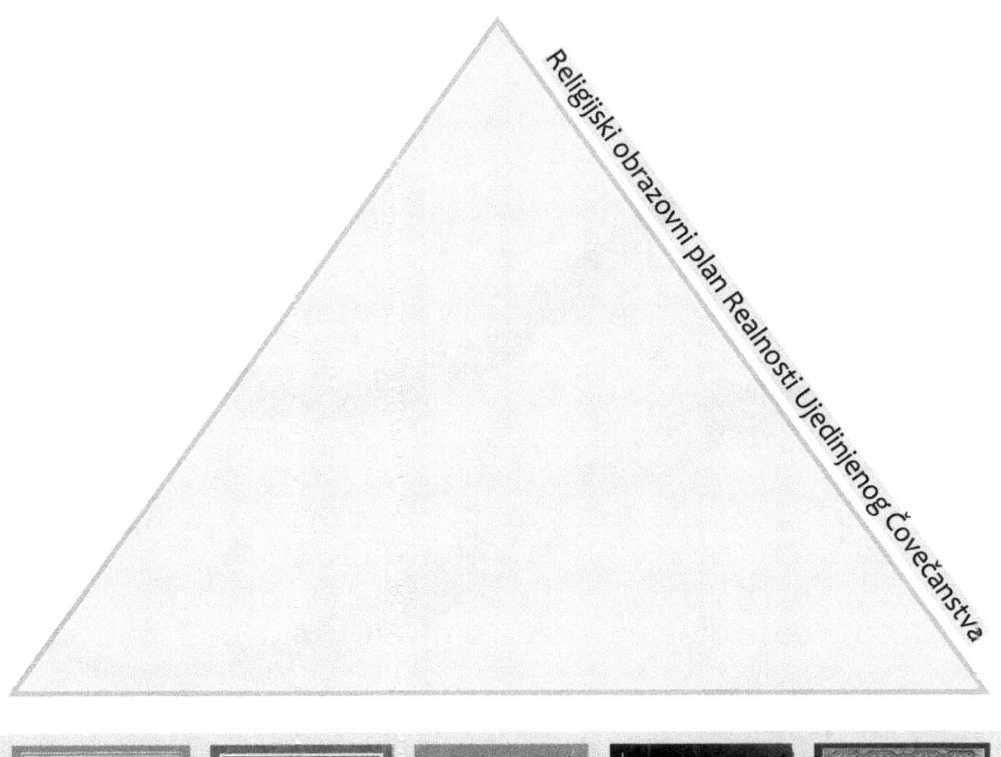

    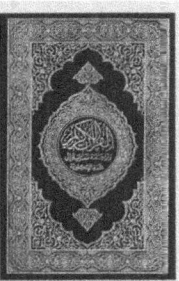

NEBESKE KNJIGE

Svaka sveta knjiga je evolucijski priručnik energetski pripremljen da pomogne razvoj ljudskog bića kroz određeni frekvencijski spektar. To su Božanske sugestije koje su nas stolećima pripremale za izazove sadašnjeg doba i budućnost u nama nepoznatim univerzumskim dimenzijama.

KA NAPREDNIJIM DIMENZIJAMA

Da bi se prešlo u naprednije dimenzije, oduvek je bilo neophodno unapred se prilagoditi energijama viših dimenzija, dok smo još na nižim evolucijskim nivoima. Za ljudsko biće u 3. dimenziji na Zemlji, evolucija kroz religijsku dimenziju stoga zahteva prilagođavanje misli, svesti i ćelijskog potencijala na energetski opseg od 4. do 18. dimenzije, sa čime se otpočelo kroz program ALFA energija.

Alfa energije religijske dimenzije su Božje energije i simbolizovane su belom bojom. Mi ih primamo kroz krunsku čakru i reflektujemo na našu okolinu. One dakle, ne ostaju u nama. Međutim, na našem sadašnjem evolucijskom nivou, više nije dovoljno samo postići religijsko ispunjenje zasićenjem Alfa energijama.

Da bismo diplomirali u ovoj školi na Zemlji, neophodno je da privučemo energije naprednijih dimenzija putem naših ćelijskih i moždanih moći. Ovo dostignuće će nam, po prvi put u istoriji čovečanstva, otvoriti izlazna vrata iz našeg prirodnog Alfa Gürz Kristala[18]. Pravo na napuštanje ove mega živuće strukture se stiče radom u programu Zlatnog Doba. Shodno tom programu, po dovršetku evolucije kroz celokupni spektar energija našeg Alfa Gürza, sledeća destinacija savršenih ljudskih bića je Beta Nova[19] – glavni nukleus-svet budućeg prvog Beta Gürza[20].

Milionima godina ranije, ovaj evolucijski cilj bio je postavljen pred razvojne energije koje su se otisnule u egzistenciju da bi dosegnule nivo savršenog ljudskog bića. Kako bismo prošli finalne testove na tom putu, trenutno smo inkarnirani na Zemlji, jer je naša planeta kako ulazna, tako i izlazna kapija evolucije unutar našeg celog Gürza. Nove energije koje su nam neophodne za ovo veliko finale su BETA energije iz 19. dimenzije – Omega.

Beta energije su simbolizovane crnom bojom. To su Duhovne energije, izvan Božjih energija, i neophodno je da ih akumuliramo u našim koštanim ćelijama. Međutim, kako se razvijamo kroz svih devet Beta energetskih slojeva Omega dimenzije, mi na našu okolinu reflektujemo samo energije prvih šest slojeva. Energije sedmog i osmog sloja mi čuvamo za sebe. To znači da niko ne može na nas da reflektuje energije ova dva Omega sloja. Neophodno je da ih sami privučemo – čak ni majka ne može to da izvede za svoje dete. Deveti energetski sloj Omega dimenzije je sloj prelaska (u sledeći nivo).

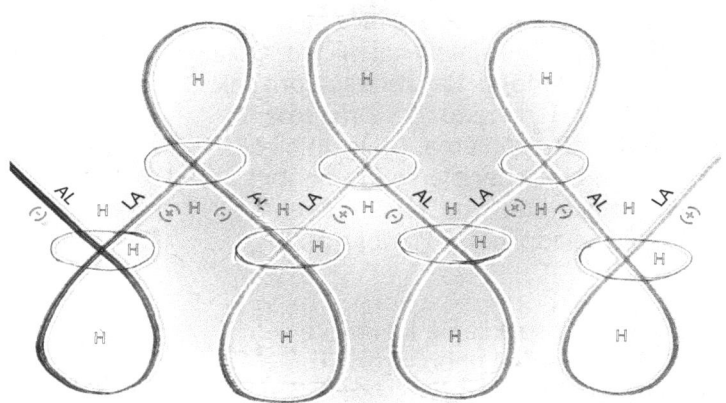

SPIRALNE VIBRACIJE su "LA" frekvencija Muzičkog Univerzuma (Altona)
(435 Hz na našoj planeti; boja – ljubičasta)
Na mestu susreta "AL" i "LA" kraka, nastaje Egzistencijalna dimenzija

KAKO DOĆI DO BETA ENERGIJA

Pomažući nam na ovom evolucijskom zadatku, Božanski Plan je po direktnoj komandi Gospoda, od 1900. godine, podvrgnuo Zemlju ubrzanoj evoluciji. Od tada se specijalne kosmičke struje usmeravaju ka našoj planeti, kako bi stvorile energetski medijum pogodan za vanrednu transformaciju našeg fizičkog tela i svesti. Mnoge promene na planeti su tako inicirane. Otpočelo je i kosmičko buđenje, kako bi ljudsko biće što pre bilo u mogućnosti da asimilira Beta energije Omega dimenzije.

Revolucija u umetnosti, tehnologiji i nauci, zabeležena početkom XX veka, bila je izazvana prilivom ovih specijalnih kosmičkih struja. Pojedinci koji su bili u stanju da ih privuku i asimiliraju, ponudili su revolucionarne tehnološke inovacije celom svetu kao i nove umetničke pravce.

Vanredne kosmičke struje su posebni evolucijski podstrekači, u formi kosmičkih pora koje nose informacije za sve forme života na Zemlji kao i za samu planetu. Njihov intenzitet i uticajno polje se menjaju, shodno kapacitetu i potrebama planete. Na primer, neke od tih struja razvijaju svest, neke našu toleranciju i ljubav prema prirodi, dok druge ojačavaju našu biološku konstituciju upisujući u nju specijalne energije.

Iako smo svi mi jednako izloženi ovim kosmičkim energijama, moć privlačenja i asimiliranja istih se razlikuje od osobe do osobe i zavisi od evolucijskog nivoa pojedinca.

Interesantno je da naš istinski evolucijski nivo kao i skriveni aspekti naše personalnosti bivaju eksponirani pod uticajem ovih vanrednih kosmičkih kiša. Esencija probuđenih ljudi na njih reaguje pozitivno, dok je Esencija onih koji nisu probuđeni pogođena negativno. Stoga na globalnom planu jačaju i pozitivni i negativni medijumi. Ravnotežu među njima reguliše zakon univerzumskog ekvilibrijuma.

Neizostavna evolucijska potreba ljudskog bića na Zemlji je da se prilagodi uticajima ovih specijalnih kosmičkih struja. One su veoma snažne te mogu da stvaraju pritisak na naše ćelijske funkcije i dovedu do privremenih nelagodnosti ili zdravstvenih problema. Ćelije onih koji mogu da prime i koriste ove energije se vremenom regenerišu i njihova fizička konstitucija samu sebe izleči. Takvi ljudi ostaju mladoliki i poseduju puno energije.

Nikako nije lako primiti ove specijalne kosmičke struje koje pristižu kroz otvoreno nebo i izdržati proces ubrzane evolucije. Stoga su nam, sledeći direktnu komandu Gospoda, nebeski autoriteti ponudili pomoć u formi *Knjige Znanja*. Kao deo kosmičkog programa refleksije Beta energije iz bliskog plana, ova knjiga predstavlja uslugu ljudskim bićima na Zemlji.

USKRSNUĆE

Naše Doba se naziva *Periodom Tranzicije* ili *Uskrsnuća*, dok se u univerzumskom programu zove *Plan Spasa*. Jedna od karakteristika ovog perioda je obrnuta proporcionalnost – drugim rečima, istina koju sada otkrivamo je upravo obrnuta onoj na koju smo bili uslovljeni.

Ono što uskršnjava je ljudska Esencija, Savest i Svest. Ljudska Bića se bude učeći istine izvan religijske dimenzije i postepeno prave pomak iz zemaljske svesti u univerzumsku i kosmičku svest.

Uskrsnuće je bilo najavljeno u religijskim knjigama, a postiže se aktiviranjem naših *moždanih kodova*[21] energijama vremena, u formi specijalnih kosmičkih struja koje zapljuskuju planetu. Kad se naš evolucijski nivo izjednači sa energijom vremena, naši moždani kodovi se otvaraju manifestujući novu, proširenu spoznaju i svest.

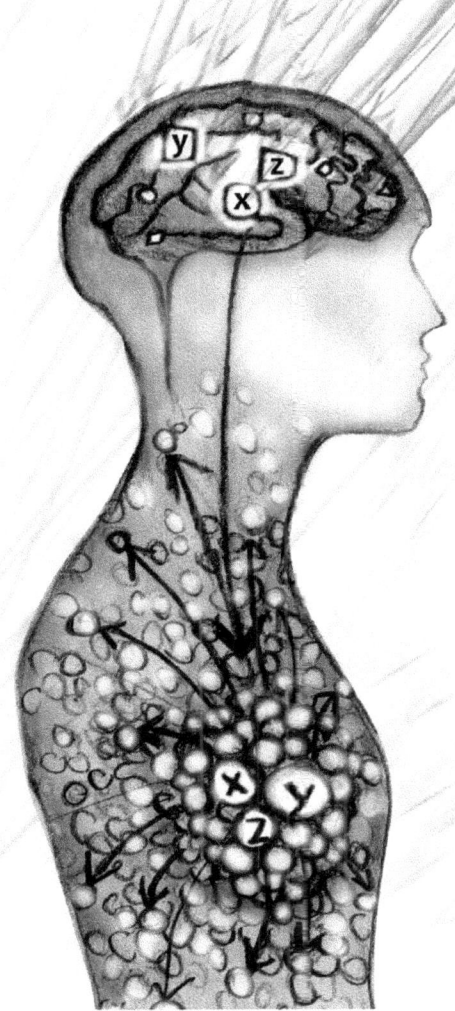

Magnetno polje Zemlje je veoma snažno i nije lako izaći iz tog vrtloga kako bi se prevazišla zemaljska svest.

Planeta Zemlja je kosmička arhiva evolucijskih dostignuća mineralnog, biljnog, životinjskog sveta, kao i životna scena ljudskog bića. Sve je na njoj, čak i lepote i udobnosti, aranžirano da nas privuče i testira naš razvoj, jer tako nalaže program života ljudskog bića na Zemlji. Ovde nam se nude najrazličitije "igračke", kako bi nas zavele na stazi naše svesne samo-realizacije.

Za one koji su u zemaljskoj svesti, kapija Božanske svetlosti je zatvorena. Drugim rečima, zemaljska svest nas odvlači dalje od kosmičke svesti.

Ako zemaljska svest ne može da privuče specijalne kosmičke energije, onda nije u stanju da obavi neophodnu evoluciju. Pošto ove vanredne kosmičke energije regenerišu naše ćelije, to znači da se oni koji ne mogu da ih asimiliraju nalaze u stanju samouništenja. Stoga su osuđeni da ostanu u dimenzijama u kojima nisu povezani sa sopstvenim duhovnim potencijalom.

ELEMENTI ZEMALJSKOG ŽIVOTA KOJI DOPRINOSE HAOSU NA PLANETI

NEGATIVNE REČI I AKCIJE
NAVIKE
STRASTI
FREKVENCIJSKE RAZLIKE MEĐU RAZLIČITIM NIVOIMA LJUDSKE SVESTI
EGO
RELIGIJSKE VEZANOSTI
TABUI
STRAH
NEGATIVNE MISLI
NESPOSOBNOST LJUDSKOG BIĆA DA INTEGRIŠE SVOJE SRCE I SVOJ INTELEKT[22]
ZEMALJSKE VEZANOSTI

Ego je moćan elemenat zemaljskog potencijala, ali je zamišljeno da se koristi na konstruktivan način. U protivnom, ego je najveći protivnik ljudskog bića i može da ometa napredak naše svesti. Prevazići ego znači prevazići samog sebe i postati bogolik.

Pod uticajem specijalnih kosmičkih struja, strahovi i negativne reakcije izvesnih svesti na planeti se uvećavaju.

Oko zemljine atmosfere postoji magnetno platno koje obavija celu planetu. Negativne misli ne mogu da prođu kroz ovaj obruč; one se odbijaju i vraćaju osobi koja ih je emanirala. Taj negativni elektricitet, povratno reflektovan, guši datu osobu, a često i one koji su u njenoj okolini.

Pošto negativne moći proistekle iz naših misli ne mogu da odu izvan Zemljine atmosfere, ljudska bića su suočena sa neprijatnim posledicama sopstvenih negativnosti, te je neophodno da disciplinuju svoje misli.

MAGNETNO PLATNO, postavljeno oko naše planete, o koje se odbijaju negativne misli i vraćaju osobi od koje su potekle

Sve dok u našim mislima postoje negativnosti, naš svet će ostati u dimenziji evolucije i testova. Baveći se negativnim mislima, mi zapravo oštećujemo našu originalnu Božansku supstancu.

Izbor između raja i pakla je u rukama ljudskih bića. To znači da će oni koji ne mogu da se oslobode ega, strahova i negativnih misli, živeti sopstveni pakao na Zemlji.

Zbog prevelikog broja ljudi koji su postali robovi sopstvenih zemaljskih misli, koji ne mogu da privuku vanredne kosmičke energije i prošire svoju svest shodno zahtevima našeg vremena, u preraspodeli ovih struja priroda i planeta Zemlja neočekivano treba da se nose sa većom količinom od planirane. Stoga, umesto da smo svedoci većeg broja uskrsnuća svesti, mi se osvedočujemo o sve učestalije prirodne katastrofe. Nesklad u socijalnim i porodičnim medijima je takođe sve izraženiji, zbog čega je teže održati dobro zdravlje.

Kosmičke struje su po svojoj električnoj prirodi negativne, dok je priroda pozitivna. Ljudi koji nose negativnu energiju su stoga kompatibilni sa prirodom koja je pozitivna, i oni se ovde na Zemlji nalaze u nekoj vrsti začaranog kruga.

Pozitivne osobe se postepeno zasićuju svime što je zemaljsko i osećaju rastući raskol u odnosu na zemaljski život. Na izvestan način, njima je svet sve manje potreban. Međutim, te osobe privlače kosmičke struje zbog čega su vrlo potrebne svetu. Reflektujući energije naprednih dimenzija koje su u stanju da prime, one pružaju dragocenu uslugu čovečanstvu.

PLAN SPASA

Plan Spasa je 300 godina dug period ubrzane evolucije na našoj planeti, pod dejstvom specijalnih kosmičkih energija, u maniru efekta staklene bašte, pripremljen za spas svih živih entiteta na Zemlji. Kao deo programa univerzumskog ujedinjavanja, započeo je sa 1900. godinom.

Krajnji cilj Plana Spasa je da se što većem broju ljudi omogući da dovrše evoluciju religijske dimenzije, zatim Omega dimenzije, i da kao istinska ljudska bića dobiju dozvolu za izlazak iz Omega, shodno programu evolucije na Zemlji: ALFA-ulaz – OMEGA-izlaz.

U tu svrhu, neophodno je povezati se sa Sistemom. Oni koji su dosegnuli 6. dimenziju, zvanu *Nirvana*[23], takođe bi trebalo da ostvare tu vezu jer je Sistem jedini autoritet koji daje dozvolu za prelazak iz 6. u 7. dimenziju.

Sistem je način na koji se Moć zvana *ALLAH* projektuje na svaku dimenziju. Ovaj Sistem je Uzvišeni Mehanizam koji se na celokupni Gürz Kristal reflektuje iz *Dimenzije Sve-Milostivog*[24].

Prirodni Alfa Gürz Kristal je po prvi put predstavljen čovečanstvu u *Knjizi Znanja*. On se takođe zove i *atomska celina* i sadrži 1800 tzv. *mini atomskih celina*. (Svaka mini atomska celina se sastoji od 1800 *univerzuma*, svaki univerzum je sastavljen od 18 *kosmosa*, svaki kosmos ima 18.000 *carstava*, svako carstvo ima 236.196 *galaksija*; i naša planeta obitava u jednoj od galaksija prvoformirane mini atomske celine.)

Entiteti iz svih 1799 ostalih mini atomskih celina unutar našeg Gürz Kristala, kada postanu evolucijski spremni, bivaju prebačeni u mini atomsku celinu u kojoj se nalazi naša planeta. Pošto je naša mini atomska celina jedini medijum Božje energije u celom prirodnom Gürzu, oni dolaze ovde da steknu Božju Svest i tako dovrše svoju evoluciju, kako bi dobili dozvolu da izađu iz Omega dimenzije.

Onaj ko je sve doveo u egzistenciju je dizajnirao evolucijsku stazu i neprekidno neguje, usmerava i nadgleda ljudska bića pomoću svog Sistema. Ista Moć je takođe definisala Program Spasa i, u skladu sa njim, sada nam pruža posebnu pomoć putem *Knjige Znanja*. Na svoje čitaoce, ova knjiga reflektuje Beta energije Omega dimenzije neophodne za naš sadašnji evolucijski nivo.

Kapacitet da se privuče i asimilira Beta energija Omega dimenzije, presudan je za istinski spas. Drugim rečima, za naš spas neophodno je dosegnuti nivo savršenog ljudskog bića dovršenjem evolucije 7. dimenzije. Taj poduhvat je takođe direktno povezan sa sposobnošću pojedinca da shvati univerzumske istine.

Vremenski okvir za završetak Plana Spasa je ograničen; proteže se do početka XXIII veka. U međuvremenu, intenzitet energija na Zemlji se dramatično povećava. Neki od razloga za to potiču od primene programa Plana Spasa, ali neki su rezultat reflektovanja na našu planetu pojava koje se događaju daleko izvan našeg solarnog sistema i univerzuma.

Na primer, planeta Zemlja postepeno ulazi u kosmičko polje refleksije vibracija Velikog Praska. Pošto brzina dolazećih kosmičkih struja na planetu utiče na percepciju vremena, vibracione replike Velikog Praska ne samo da intenziviraju energiju na planeti već pogađaju i tok vremena. Stoga, vreme sve više doživljavamo kao ubrzano i sve ga manje imamo na raspolaganju.

Da bi odolelo ovim prirodnim pojavama, ljudsko biće bi trebalo da poveća sopstveni kapacitet prijema kosmičkih energija i privuče sve energije iz Duhovne dimenzije koje mu pripadaju. Ovo je evolucijski zahtev sa kojim smo trenutno suočeni kako bismo nastavili da postojimo, to jest da bismo obezbedili sopstvenu budućnost.

Da program Plana Spasa nije bio primenjen na našu planetu, obezbeđujući nam ubrzanu evoluciju i *Knjigu Znanja*, na Zemlji ne bi ostao ni trag od ljudske rase u budućnosti – koja nam se približava u svoj silini nama nepoznatih univerzumskih energija.

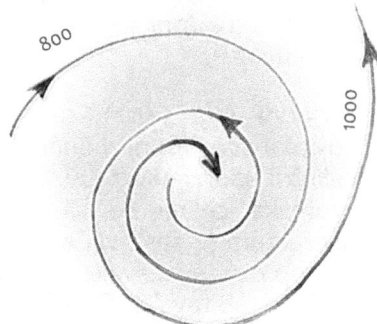

PROGRAM SELEKCIJE (1900. – 2200.) u našem prirodnom Gürzu obuhvata ljudske entitete u svih 1800 mini atomskih celina.

Mini atomska celina, u kojoj je naša planeta, je jedini medijum Božje energije u celom Gürzu. Stoga se ovde inkarniraju entiteti iz ostalih mini atomskih celina da bi prošli kroz neophodne ispite, razvili Božju personalnost i dosegnuli Omega izlaznu kapiju.

ZLATNO DOBA I KAKO SMO BILI PRIPREMANI ZA NJEGA

4000. god. pne

2000. god. pne

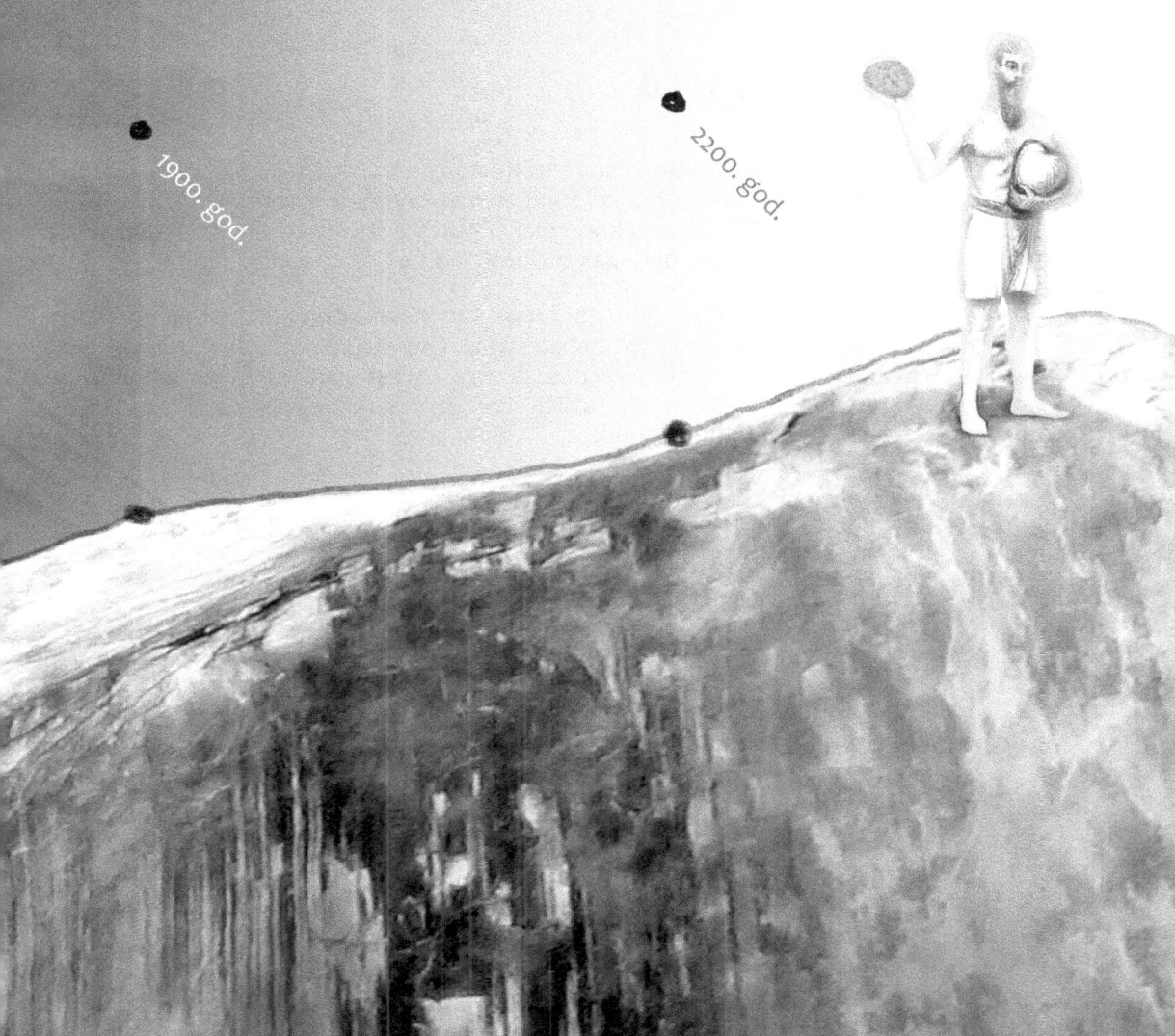

Program Zlatnog Doba[28] je bio pripremljen stolećima ranije u univerzumskoj totalnosti i cilj mu je da ujedini istinska ljudska bića, ne samo na našoj planeti već na nivou univerzuma. On počiva na ujedinjavanju iz srca, pošto odražava Esencija-želju entiteta.

Da bi ovaj program bio primenjen na našu planetu, Kozmoz (*Totalnost Realnosti*[29]) je čekao da ljudska svest dosegne izvesni razvojni stupanj kako bi mogla da primi istine izvan religijske dimenzije. To se događa upravo sada, sa *Knjigom Znanja*. Zbog njenog značaja za Zlatno Doba, knjiga se takođe zove i Zlatna Knjiga Zlatnog Doba.

Zašto je *Knjiga Znanja* poklonjena našoj planeti? Jedan od razloga leži u činjenici da je Zemlja nukleus-svet naše mini atomske celine, a da bi se postigla integracija na tom nivou, neophodno je najpre ostvariti istinsku integraciju čovečanstva na našoj planeti. Stoga se pred sve ljude na Zemlji postavlja velika odgovornost – da slede sopstvenu Esenciju.

Naša je Esencija ta koja će prva prepoznati Gospodnje reči i sugestije prenešene *Knjigom Znanja* i privući nas ka njoj. Ona će nas takođe nepogrešivo voditi stazom (globalnog) ujedinjavanja.

KOSMIČKA DOBA

Osnova Zlatnog Doba se postavlja primenom tri Kosmička Doba. Svako Kosmičko Doba na našoj planeti traje 100 godina. Ona su stavljena na snagu u svrhu pomoći, tokom primene Plana Spasa. Kosmička Doba takođe olakšavaju tranziciju između dva radikalno drugačija Poretka Gospoda, to jest prelazak u Zlatno Doba.

Prvo Kosmičko Doba je otpočelo sa 1900. godinom, kad je naša planeta uzeta u ubrzanu evoluciju putem pljuskova vanrednih kosmičkih struja. Ove struje podjednako ojačavaju našu ćelijsku konstituciju i doprinose uvećanju znanja i svesti. One stižu iz *Mehanizma Uticaja*[30] da nas postepeno pripreme za različite svetove za koje do sada nismo znali. Prvo Kosmičko Doba je obuhvatalo XX vek.

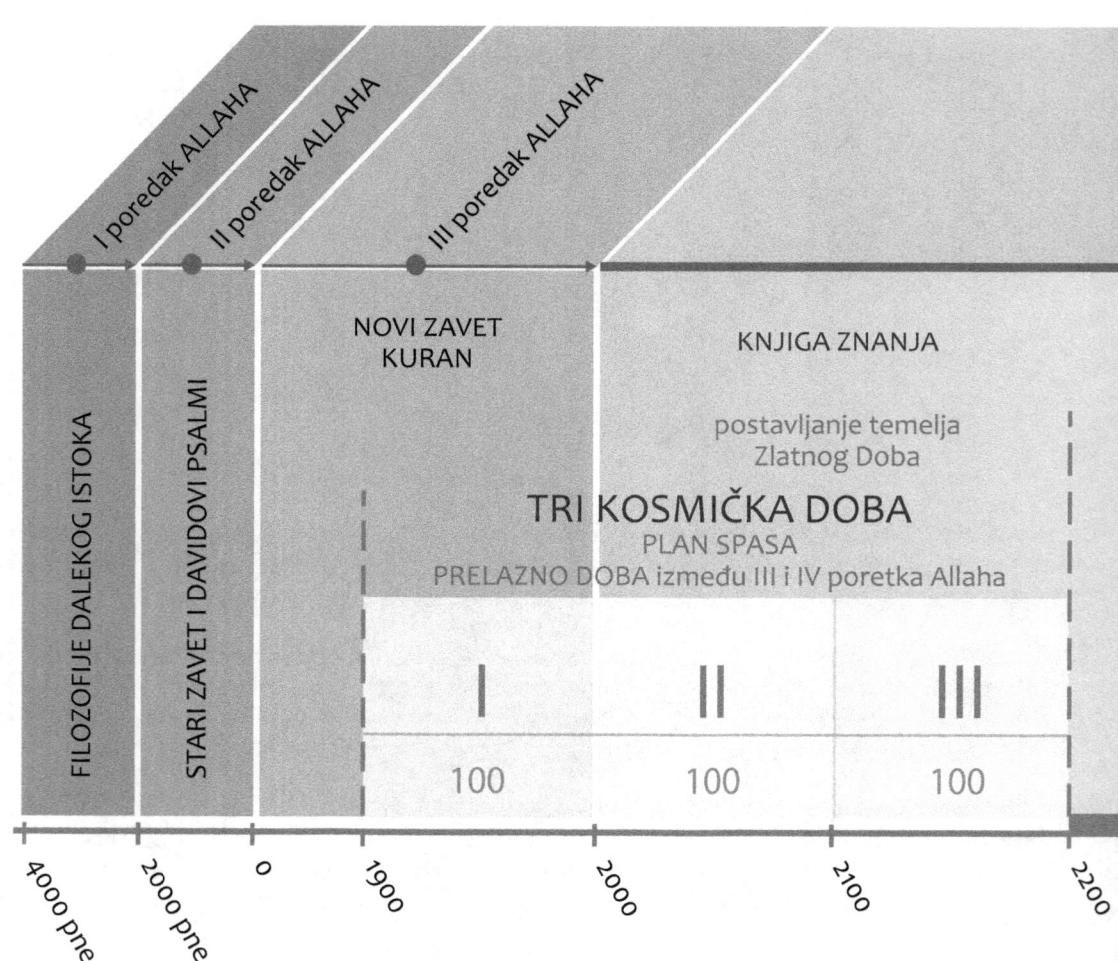

XXI i XXII vek će biti Drugo i Treće Kosmičko Doba. To su takođe periodi ubrzane transformacije putem uticaja vanrednih kosmičkih struja. Intenzivni ispiti i *selekcija*[31] ljudskih bića na našem svetu će se nastaviti tokom ova dva veka, kao i sistematska priprema planete za energetski nivo Zlatnog Doba.

Svako prolazi kroz ispite u sopstvenoj misaonoj frekvenciji. Ovo su ispiti koji testiraju naš evolucijski uzrast – ne kroz naše reči već kroz naša dela. Oni proveravaju prisustvo uzvišenih vrlina u našoj Esenciji. To su svojstva poput odgovornosti, opraštanja, strpljenja, tolerancije, samo-požrtvovanja i bezuslovnog prihvatanja.

KNJIGA ZNANJA

ZLATNO DOBA
(XXIII – XXX vek)

DOBA SVETLOSTI
(devet vekova)

Tokom Drugog i Trećeg Kosmičkog Doba, populacija na Zemlji će se drastično redukovati. Razlog nije u tome da Stvoritelj neka ljudska bića voli više od drugih.

Razlog je isključivo fizičke prirode. Intenzitet energije na planeti će nastaviti da se povećava, pri čemu neće svi ljudi biti u stanju da se usklade sa tim promenama i privuku neophodne kosmičke energije.

Zbog ovog intenziviranja energije na Zemlji, za naredno inkarniranje na njoj neophodno je da već u sadašnjem životu naše koštane ćelije budu pripremljene asimiliranjem Beta energija iz Omega dimenzije. Vredno je napomenuti da osobe koje dovrše program prepisivanja *Knjige Znanja* slobodnom rukom, dobijaju neophodnu Beta energiju u svojim kostima.

Posle XXII veka, više neće postojati potreba da specijalne kosmičke energije zapljuskuju našu planetu. Selekcije će biti završene i Kozmoz će okončati Programe Spasa, Reinkarnacije i Smrti na Zemlji. (Reinkarnacija ne postoji u uzvišenim carstvima naprednih planova.) Za nepuna dva veka, čovečanstvo naše planete će živeti kao integrisana celina – pošto ljudska bića dosegnu svoje istinsko telo 7. dimenzije i odgovarajuću, napredniju, svest.

Budućnost, počev od XXIII veka, dakle, pripada samo onima koji će prerasti fazu reinkarnacije i stacionirati se u svom svetrajućem telu. To telo je u potpunosti ujedinjeno sa energijama sopstvene Duhovne Esencije, prispelim iz univerzumskih dubina da ga ojačaju i dovedu do njegovog punog genetskog ostvarenja.

Naše savršeno telo je i savršeno ogledalo Totala. Ono besprekorno prima i prenosi energiju Totala i manifestuje njegovu silinu i njegovu Volju. Zaslužiti tu moć nije lako. Stoga je to bio i ostao cilj svih naših životnih napora i brojnih kosmičkih programa investiranih u ljudsko biće. *Bože, neka bude u meni Volja Tvoja* – ovaj lajtmotiv svetih tekstova je veoma poznat, ali njegovu energetsku pozadinu kosmičkog opsega počinjemo tek sada da uviđamo.

Pomeranje vizure sa Zemlje ka kosmosu, u potrazi za smislom egzistencije, pomoćiće nam da pojam *Plana Spasa* ne smatramo pukom floskulom koja nema značenje van religijskih štiva. Pomoćiće nam i da našu planetu vidimo kao deo šireg kosmičkog medijuma koji određuje njenu, pa tako i našu sudbinu. Takođe ćemo shvatiti vezu između rapidnih energetskih promena na planeti, našeg fizičkog opstanka i izgradnje Zlatnog Doba.

Po postavljanju temelja tokom tri Kosmička Doba, sa okončanjem programa Plana Spasa, Zlatno Doba će se živeti sledećih sedam stoleća, do XXX veka. Narednih devet stoleća, biće Doba Svetlosti. *Knjiga Znanja* će takođe biti korišćena tokom Doba Svetlosti da privlači energiju vremena. Posle 19 vekova služenja čovečanstvu, ona će biti smeštena u univerzumsku arhivu.

Da bi se manifestovala ova budućnost, nazvana Zlatno Doba, ljudska bića koja su dosegnula izvesni nivo svesti rade u programima kosmičke refleksije vezanim za *Knjigu Znanja*. Svrha ovih programa je da se formira aura *Knjige Znanja* u univerzumskom uređenju, i da se istinska ljudska bića ujedine kako na našoj planeti tako i na nivou univerzuma. U ime Sve-Milostivog, direktora celokupnog prirodnog Alfa Gürz Kristala, Kozmoz reflektuje Božanski Plan unutar Gürza i uvodi ove programe.

ALFA KANAL

Alfa kanal je direktni mehanizam refleksije Allaha i nalazi se pod nadzorom *Gospoda Sveta*[32]. On predstavlja energetsku liniju između Allaha i ljudskog bića, te su stoga Allahove direktne reči dosegnule ljudska bića isključivo putem knjiga diktiranih kroz ovaj kanal. To su *Filozofije Dalekog Istoka, Davidovi Psalmi, Stari i Novi Zavet,* i *Kuran*. Njihove energije obezbeđuju frekvencije neophodne za evoluciju čovečanstva, tokom vremenskog perioda dodeljenog svakoj od ovih knjiga.

Alfa kanal poseduje spiralne vibracije koje uništavaju negativnosti. To je kanal koji je takođe povezan na Kozmos, i jedini univerzumski kanal otvoren ka Zemlji. Moždana moć osobe koja je primila *Knjigu Znanja* je direktno registrovana u Centar Alfa kanala.

Reč *Allah* je šifra, data našoj planeti kao indikacija Moći koja je sve dovela u egzistenciju. Istinska Allah-Moć je Totalnost Svesti, u kojoj se sve energije i svo znanje ujedinjuju.

Shodno teoriji percepcije, Allah je Sveta Svetlost koja postiže dimenzije paralelno misaonoj frekvenciji svake osobe. Pošto svako bogosluži svoga Boga u sopstvenoj misaonoj dimenziji, iako je Bog jedan, postoji onoliko bogova koliko ima ljudi koji se bave kontemplacijom Boga.

Koncept Allaha je predstavljen čovečanstvu svetom knjigom *Kuran*, međutim *Knjiga Znanja* nam otkriva dalje slojeve značenja Moći kodirane tom rečju.

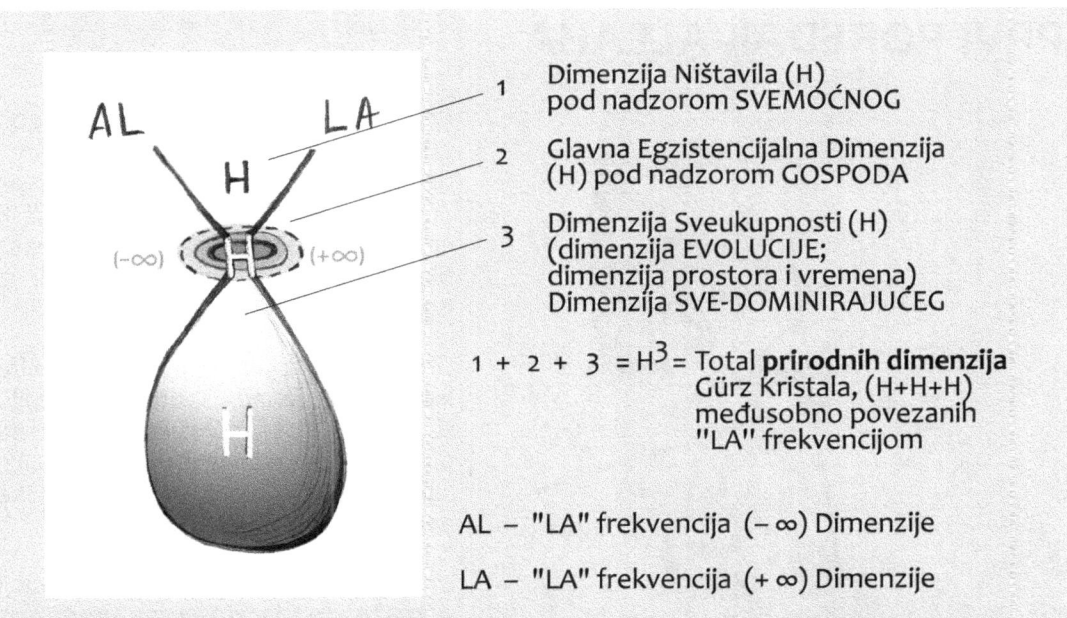

1 — Dimenzija Ništavila (H) pod nadzorom SVEMOĆNOG

2 — Glavna Egzistencijalna Dimenzija (H) pod nadzorom GOSPODA

3 — Dimenzija Sveukupnosti (H) (dimenzija EVOLUCIJE; dimenzija prostora i vremena) Dimenzija SVE-DOMINIRAJUĆEG

$1 + 2 + 3 = H^3$ = Total **prirodnih dimenzija** Gürz Kristala, (H+H+H) međusobno povezanih "LA" frekvencijom

AL — "LA" frekvencija $(-\infty)$ Dimenzije

LA — "LA" frekvencija $(+\infty)$ Dimenzije

AL + LA + H + H + H = ALLAH = Petostruko Operativno Uređenje, koje se odnosi na projektovanje "LA" frekvencije iz beskonačnog pozitivnog i beskonačnog negativnog univerzuma na dva carstva – Dimenziju Ništavila (1) i Dimenziju Sveukupnosti (3). Fokalna tačka u kojoj se ove dve Dimenzije susreću je Dimenzija Života (2).

Iz svoje univerzumske dimenzije od izvan religijske dimenzije, *Knjiga Znanja* takođe objašnjava genezu, hijerarhiju i funkcije drugih Uzvišenih Moći poput Sve-Istinitog, Svemoćnog, Sve-Milostivog, Gospoda, Stvoritelja, Pre-Uzvišene Majke i Pre-Uzvišenog Duha, kao i pojmove poput: *Atlanta dimenzija*, *Seme Duše* i *Dimenzija Istine*.

Smer Alfa kanala je konstantan u odnosu na našu planetu. Međutim, vremenom, menja se geografska oblast na koju pada njegova vertikalna projekcija. Iako je *Knjiga Znanja* stigla kroz Alfa kanal, ona nije sveta knjiga, niti knjiga kojoj bi se trebalo klanjati. To je naučna knjiga koja sadrži univerzumska znanja.

Svete knjige su nam predstavile Alfa energije iz religijske dimenzije. Poslednja sveta knjiga, *Kuran*, obuhvata energije do 18. dimenzije. Istina je u svim svetim knjigama data na mističan način, u kome je nemoguće razdvojiti je od fantazije. Sa druge strane, *Knjiga Znanja* dolazi sa nivoa izvan religija. To je knjiga eksplicitne istine, preneta isključivo Beta energijama Omega dimenzije (19. dimenzija).

Knjiga Znanja je jedina Omega knjiga na Zemlji.

ČETIRI PORETKA ALLAHA

Do 2000. godine, planeta Zemlja je prošla kroz tri *Poretka Allaha*[33] i svaki je od njih trajao 2000 godina. Nedavni početak novog milenijuma je označio i početak Četvrtog Poretka Allaha[34], takođe zvanog *Zlatno Doba*.

PRVI POREDAK ALLAHA

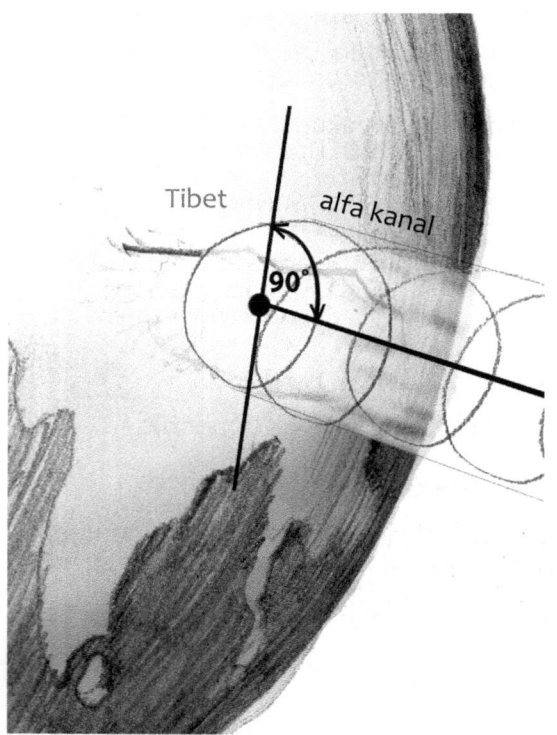

Prvi poredak Allaha sadrži 2000 godina pre Mojsija kada su, kao i danas, evolucijski uticaji pristizali na Zemlju u formi specijalnih kosmičkih energija. Kroz ovaj program, naša planeta je po prvi put došla u dodir sa Božjom energijom.

Dok je vertikalna projekcija Alfa kanala bila iznad Tibeta, na Zemlju su stigle *Filozofije Dalekog Istoka*. Sa njima je predstavljena i meditacija, kao metoda privlačenja kosmičke energije putem misaone moći.

Meditacija pročišćava ljudska bića i pomaže im da dosegnu unutrašnji mir. Međutim, da bi se postigla svest, ljudskom biću je neophodno znanje. Zbog toga je Drugi Poredak Allaha stupio na snagu.

DRUGI POREDAK ALLAHA

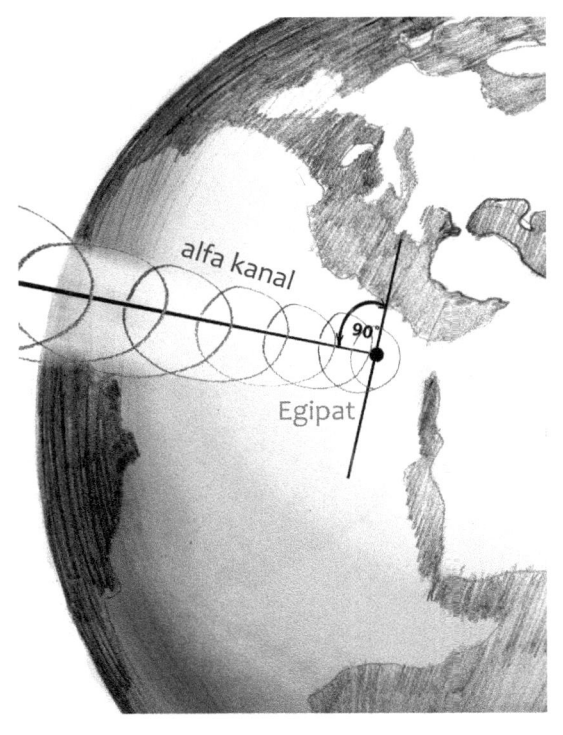

Drugi Poredak Allaha je bio program Mojsija. Pošto je u tom periodu vertikalna projekcija Alfa kanala padala na Egipat, Mojsije je bio otelotvoren u tom delu sveta.

Shodno misiji koju je imao, sa *Starim Zavetom*, Mojsije je poklonio planeti esenciju antičkog učenja kao direktno znanje Kozmoza. Ovaj, Drugi, Poredak Allaha je trajao do perioda Isusa i Mohammeda.

Jedino opušteno i srećno ljudsko biće može da privlači kosmičke energije. Tokom ovog perioda, ljudi su bili u mnogim ratovima, ubijali jedni druge i prolazili kroz ogroman stres. Iako je Mojsije izvodio brojna čuda, generalno, ljudi tog doba nisu bili u stanju da privuku energiju *Starog Zaveta* i usvoje znanje iz ove svete knjige.

Da je čovečanstvo uspelo da apsorbuje energije *Starog Zaveta*, period Isusa i Mohammeda ne bi bio potreban, a čovečanstvo bi sebe poštedelo mnogih nedaća i patnji. Zlatno Doba je zapravo, teoretski, moglo da bude dosegnuto stolećima ranije.

Na osnovu toga što je ljudsko biće najsrećnije u medijumu ljubavi, na čijoj podlozi najefikasnije usvaja znanje, za dalji napredak čovečanstvana je pripremljen novi evolucijski poredak.

TREĆI POREDAK ALLAHA

Treći Poredak Allaha je bio period združenih programa Isusa Hrista i Mohammeda Mustafe.

Dok je Alfa kanal bio iznad Jerusalima, Isus je započeo program ljubavi sa ciljem da ujedini ljudska bića u spoznaji o Jednom Bogu.

Novi Zavet nosi frekvenciju 9. dimenzije, zvane *Dimenzija Smirenosti*. Ova dimenzija predstavlja vrhunac zemaljske ljubavi i vodi ka Božanskoj ljubavi. (Finalni stupanj razvoja ljubavi je tzv. *svesna ljubav* u kojoj ljudsko biće bezuslovno voli SveStvoreno, stoga što duboko poštuje Stvoritelja.)

Da bi se kosmičke energije primile u medijumu ljubavi, neophodno je meditirati. Međutim, ako oni koji uspeju da privuku energije 9. dimenzije nastave da meditiraju, oni se samo oslobađaju stresa, ali ne privlače energije dalje od te dimenzije.

Ljudima se veoma dopala svetlost koju je Isus doneo na Zemlju. Prvih 500 godina posle Isusa živelo se polu-Zlatno Doba, jer su ljudska bića naučila da privlače kosmičku energiju. Podignute su mnogobrojne crkve i Isus je smatran Sinom Boga Gospoda. Zadovoljan tim progresom, Kozmoz je odlučio da uruči sledeći evolucijski paket našoj planeti. Novi prorok je bio poslat na Zemlju poklanjajući joj neophodno znanje, na temelju programa ljubavi – što je u skladu sa činjenicom da je u razvoju ljudske svesti prvi korak *ljubav*, a drugi *znanje*.

Dok je vertikalna projekcija Alfa kanala bila iznad Meke, na Arabijskom poluostrvu, početkom VII veka, Mohammed je planeti poklonio svetu knjigu *Kuran* i tako kompletirao matricu *ljubav-znanje* koja se ticala Trećeg Poretka Allaha. Kuran je bio pripremljen u 18. dimenziji, ali je bio diktiran iz 9. dimenzije, da ne bi svojom snažnom energijom uznemirio ljudsko biće toga vremena.

Mohammed je poslednji prorok, i *Kuran* je poslednja sveta knjiga data putem Alfa kanala. Prema kosmičkim proračunima, ljudsko biće je trebalo da stekne moć privlačenja energije 18. dimenzije u periodu koji se protezao do 1999. godine.

Čovečanstvo je stolećima bilo prepušteno svojim svetim knjigama kako bi doseglo religijsko ispunjenje, pripremajući se za evoluciju kroz univerzumsku dimenziju.

U univerzumskoj dimenziji razvoja koja je sada otvorena pred nama, nastavićemo da se razvijamo na tri nivoa – fizičkom, duhovnom i na nivou spoznaje:

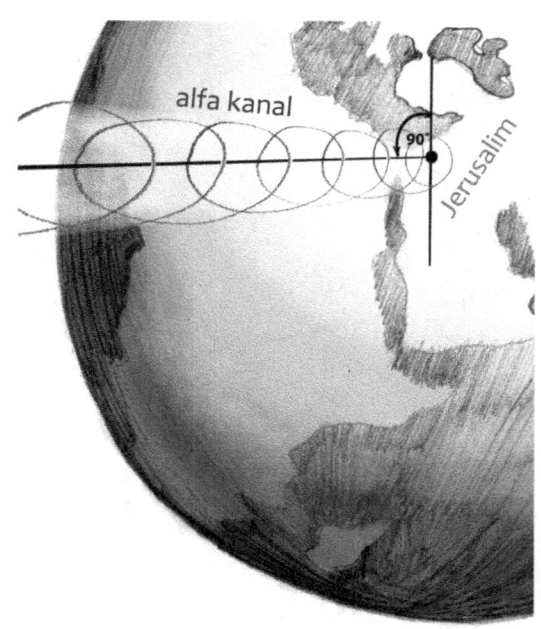

Treći Poredak Allaha – vertikalna projekcija Alfa kanala iznad Jerusalima i Arabijskog poluostrva

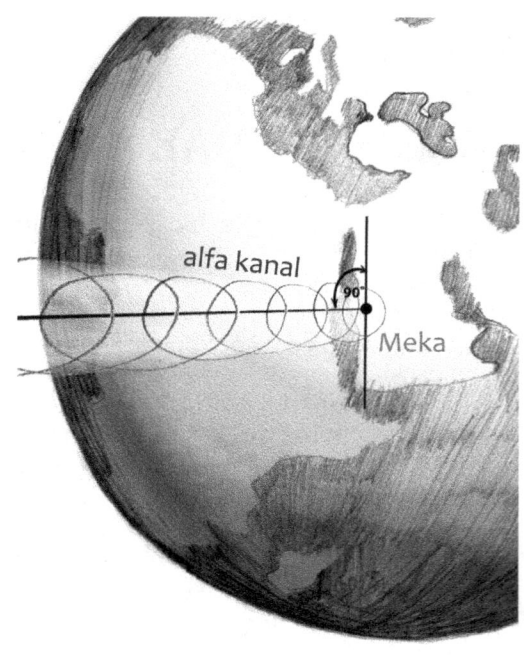

- Naš **FIZIČKI RAZVOJ** će se ostvarivati snagom energija koje primamo obzirom na čistotu naše Esencije;
- **RAST SPOZNAJE** će teći paralelno našoj misaonoj frekvenciji;
- **DUHOVNI RAZVOJ**, koji se obavlja putem pozitivne modifikacije personalnosti kroz brojne inkarnacije, u sadašnjem životu će se ostvarivati u medijumu sve intenzivnijih energija.

Svi ovi razvoji nas vode izvan zatvorenog kruga, u kojem smo do sada postojali, u tzv. *beskrajne dimenzije*.

ČETVRTI POREDAK ALLAHA

Sada, posle 6000 godina dugog programa pripreme i po zatvaranju religijske dimenzije sa 1999. godinom, Kozmoz je dao dozvolu da se od 2000. godine otvori univerzumska dimenzija ljudskim bićima na Zemlji, i dozvolu za naš direktan kontakt sa *Tehnološkom dimenzijom*[35]. Ono što je takođe novo je da u evolucijskim procesima na našoj planeti, i programu globalne integracije čovečanstva, nebesko asistiranje postaje transparentno.

Budućnost naše planete je na stazi učenja, znanja i nauke, i Kozmoz će nam u tom smeru još obilatije pomagati. Međutim, prevazilaženje sadašnjeg nivoa svesti je neizvodljivo samo putem naučnih informacija ili samo putem religijskih učenja, jer su religija i učenje dva komplementarna aspekta jedne istine. Samo ako uspemo da spojimo srce i intelekt, moći ćemo da raširimo krila ka univerzumskim dimenzijama i dosegnemo našu Esencijalnu Svest.

Rani period Četvrtog Poretka Allaha je započeo sa 2000. godinom. Četvrti Poredak, ili Zlatno Doba, je period *Knjige Znanja*. Pošto je u ovom trenutku vertikalna projekcija Alfa kanala iznad Anadolije u Turskoj, *Knjiga Znanja* je stupila na scenu u Turskoj.

Knjiga Znanja je rezultat primene nebeskog programa na našu planetu, što je neophodno sa stanovišta univerzumskih zakona. Ova knjiga stoga nikako nije data da zadovolji zemaljska očekivanja.

Putem energije izvan religijske dimenzije, knjiga na našu planetu eksplicitno prenosi univerzumske zakone i naučne informacije po pitanju esencijalnih tema koje od pamtiveka interesuju ljudsko biće – kao na primer: poreklo energije, grube materije i egzistencijalnog programa. Iako je diktirana po direktnoj komandi Gospoda, *Knjiga Znanja* nije sveta knjiga već univerzumski ustav. Ona nosi pečat 115-685 Zakona Univerzumskog Zakonodavstva.

Četvrti Poredak Allaha je poslednji poredak u Gospodnjem programu univerzumskog ujedinjavanja istinskih ljudskih bića. Ovo je poredak u kojem bi naša svest trebalo da se razvija kroz energije *Knjige Znanja* koja nam prenosi tzv. *univerzumsko znanje i istine*. Svete knjige su nam donele tzv. *nebesko znanje* i tzv. *zemaljsko znanje*.

Da bismo ostvarili naš genetski potencijal i tako stekli sposobnost i pravo da živimo u naprednim univerzumskim dimenzijama kao savršena ljudska bića, neophodno je asimilirati energiju/svetlost ova tri sloja znanja (zemaljski, nebeski i univerzumski).

Četvrti Poredak Allaha – vertikalna projekcija Alfa kanala je iznad Anadolijskog dela Turske

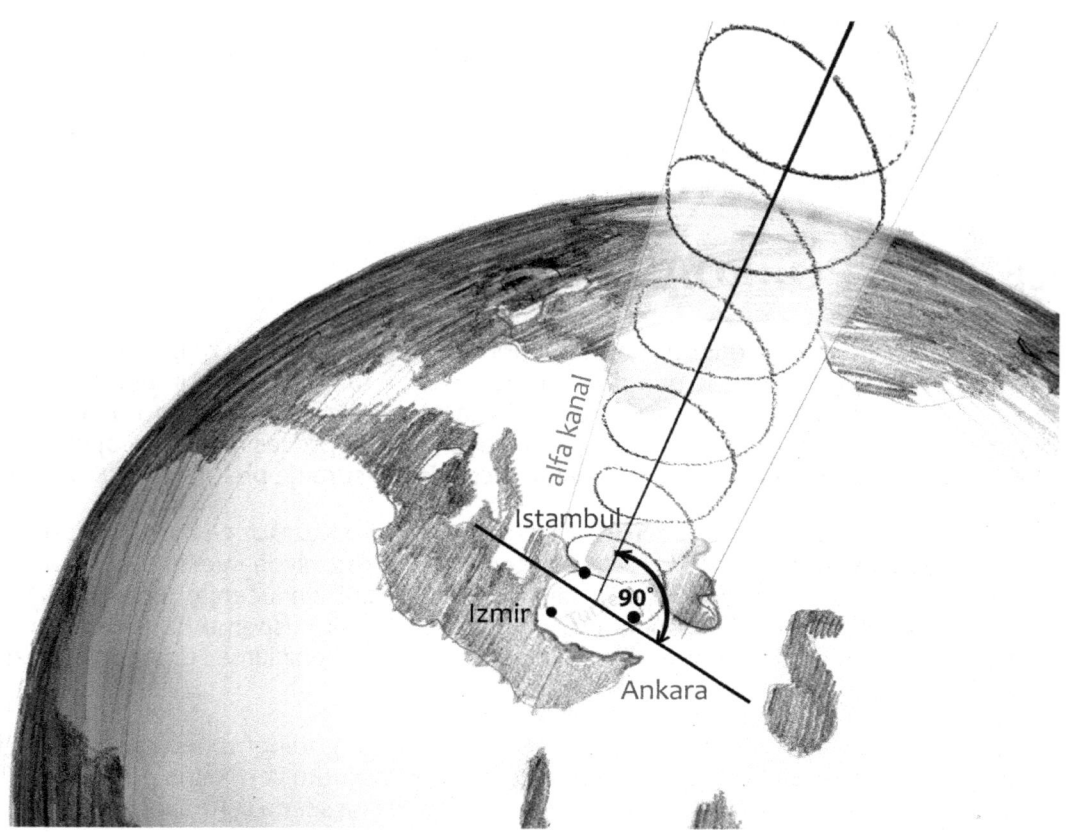

Pošto i u hrišćanskom i u muslimanskom svetu još uvek ima onih koji nemaju kapacitet da sami dovrše neophodan razvoj kroz religijsku dimenziju, u ovom trenutku na našoj planeti su inkognito otelotvoreni sveti proroci da bi reflektovali energije svetih knjiga. Na taj način svako od njih pomaže ljudima iz svoje religijske grupe da dosegnu zasićenje Alfa energijama religijske dimenzije.

Dok ne dovršimo razvoj kroz Alfa energije, mi ne možemo da uđemo u program Beta energija Omega univerzumske dimenzije. Kad osoba obavi evoluciju religijske dimenzije, te pokuca na vrata dimenzije Spasa (prvi sloj Omega dimenzije), *Knjiga Znanja* joj biva predstavljena i nova evolucijska staza se otvara pred njom.

Od tog trenutka, specijalne kosmičke tehnike prisutne u *Knjizi Znanja* pomažu razvoj date osobe kroz Omega dimenziju, pripremajući je da dovrši evoluciju te dimenzije i izađe iz nje.

Univerzumski Alfa kanal probija Alfa magnetno polje našeg Gürza.
Kao direktni kanal Gospoda, on se otvara ka beskonačnim dimenzijama.

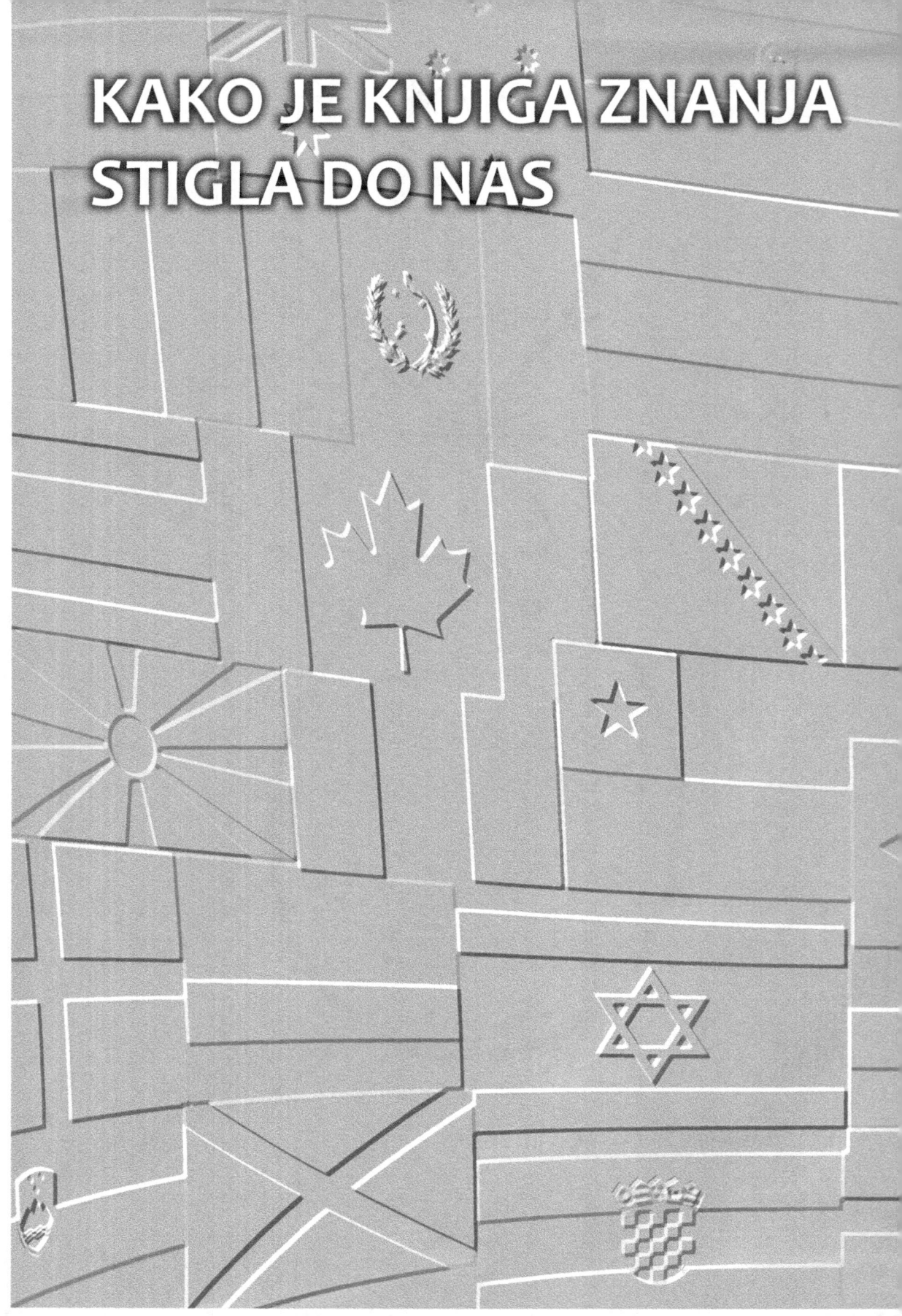

Knjiga Znanja je bila diktirana osobi koja se zove *Vedia Bülent Önsü Çorak*, koja živi u Turskoj. Projektovanje informacija je izvedeno kroz Alfa kanal, pod nadzorom Gospoda Sveta. Iako je *Knjiga Znanja* stigla kroz jedan kanal, ona predstavlja zbir poruka datih iz brojnih kosmičkih izvora.

Gospođa Çorak je rođena 1923. godine i univerzumski prijatelji je zovu Mevlana, pošto je to deo njenog imena iz prethodne inkarnacije kada je u XIII veku živela kao sufi pesnik, Mevlana Dželaledin Rumi (1207-1273). Rumi je bio glasnik Božanskog Plana. Njegova misija je bila da napiše knjigu *Mesnevi* – koja u poetskom obliku nudi energiju 18. dimenzije.

DOĐITE,
DOĐITE,
DOĐITE,

Ma ko da ste, DOĐITE.
Bilo da ste vernik ili ateista.

Ovo mesto nisu vrata pokajanja.
DOĐITE, iako ste prekršili zavet
hiljadu puta.

Vaše srce je sedište potištenosti.
Tu činite svoje bogosluženje, DOĐITE.

Naš zagrljaj je otvoren za svu našu
braću i sestre.

Mevlana Dželaledin Rumi

MESNEVI

Do XIII veka, da bi osoba primila energiju 18. dimenzije, bilo je neophodno da čita *Kuran*. Deo informacija u *Kuranu* je dat kroz energiju 9. dimenzije kao otvoreno znanje, dok su informacije prenešene putem energija od 10. do 18. dimenzije bile šifrovane. Vremenom je samo izvestan broj ljudi uspeo da dešifruje te informacije i otisne se u celokupni energetski potencijal ove svete knjige.

Jedino *Kuran* u originalu, na arapskom jeziku, poseduje frekvenciju 18. dimenzije. Kod prevođenja, ova evolucijski neophodna frekvencija se gubi.

Kuran je poslat da obrazuje, razvija i ujedini celokupnu populaciju na planeti i pripremi ljudska bića za završetak evolucije unutar našeg sunčevog sistema. Međutim, *Kuran* je privukao samo izvestan broj ljudi. Drugi su ostali privrženi svojim svetim knjigama, ili drugim verovanjima, i nisu se otvorili ka njemu. Stoga, da bi ljudima svih govornih područja obezbedio pristup energiji 18. dimenzije, Kozmoz je sarađivao sa Rumijem u realizaciji specifičnog *univerzumskog programa*[36].

U Rumijevu knjigu *Mesnevi*, Kozmoz je ubacio energiju 18. dimenzije upotrebom foton tehnike po prvi put na našoj planeti. Ova kosmička tehnika osigurava frekvencijsku stabilnost svakog slova, bez obzira na koji jezik se knjiga prevodi.

Iz tog razloga, *Mesnevi*, koji je gotovo osam vekova čitan širom planete, u svakom izdanju nosi energiju *Kurana* i pomaže ljudima da prime energiju 18. dimenzije.

MEVLANA

Mevlana nije ni medijum, ni prorok. *Knjiga Znanja* nije knjiga naučne fantastike, astrologije, numerologije ili predskazanja, niti je bila primljena kroz lični Mevlanin kanal. Ona predstavlja tajni ključ budućnosti i nepoznatog.

Mevlana je direktni govornik Sistema. U ovom životu, zbog nužnosti proisteklih iz osobenosti našeg Doba, ona je prihvatila da posreduje kod ubacivanja energija izvan 18. dimenzije u *Knjigu Znanja*. To su Beta energije celokupne 19. dimenzije (Omega), prenete u skladu sa sistemom kosmičke refleksije putem svetlosnih fotona.

Od 1966. godine, Mevlana je bila direktno kontaktirana od strane uzvišenih autoriteta van naše planete i do 1980. je bila na mnogim nebeskim putovanjima. Prvog novembra 1981. godine, počela je da joj se diktira *Knjiga Znanja* kroz Alfa kanal.

Mevlanina misija u ovom životu je bila da primi i objavi *Knjigu Znanja* i da do 2000. godine u Turskoj oformi mrežu refleksije sastavljenu od 18 Totalnosti od 18 ljudi, koje studiraju *Knjigu Znanja* primenjujući univerzumsko operativno uređenje.

Mevlana je osnovala Fondaciju budućnosti u Istambulu, koja je prvo direktno i javno predstavništvo Kozmoza na Zemlji. Kao zvanični predstavnik Sistema, ona je takođe predstavila Sistem našoj planeti.

Reč *Mevlana* na turskom znači *Božji sluga* – sluga koji baca svetlost na čovečanstvo. Nebeski prijatelji koriste ovu reč kao simbol nivoa svesti savršenog ljudskog bića (7. dimenzija).

U *Knjizi Znanja*, reinkarnacija je objašnjena i ilustrovana na primeru Mevlane. Ovaj pojam je takođe pomenut u *Kuranu*, ali bez navođenja konkretnih primera.

OBJAVLJIVANJE I DISTRIBUCIJA KNJIGE ZNANJA

Diktiranje *Knjige Znanja* je trajalo 12 godina, u periodu 1981. do 1993. Ona se sastoji iz 55 poglavlja, zvanih sveske, i 7 dodataka, što ukupno čini 62 poglavlja.

Knjiga se priprema i štampa u dva formata:

- format sveski i
- format knjige.

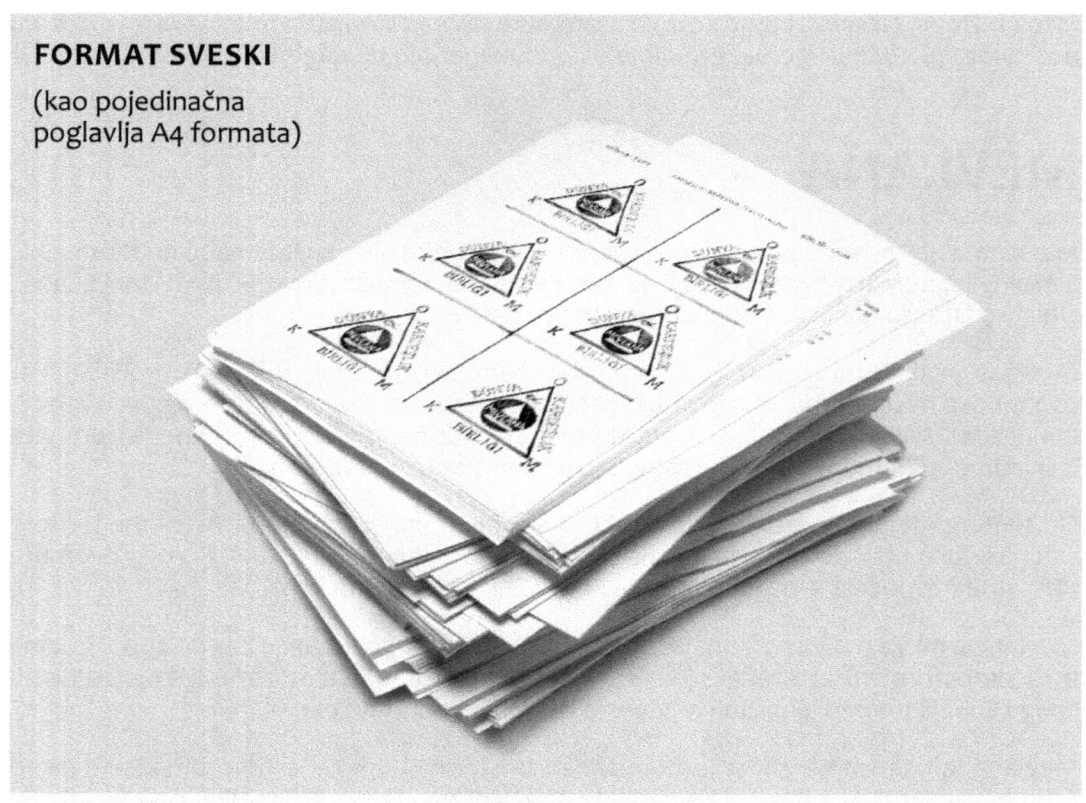

FORMAT SVESKI

(kao pojedinačna poglavlja A4 formata)

Iz praktičnih razloga, sugestija nebeskih autoriteta je da se studiranje knjige u grupama i njena distribucija unutar kosmičkih programa obavlja upotrebom *sveska-formata*[37].

Knjiga Znanja je prvi put štampana u knjiga-formatu 1996. godine, i to na dva jezika u istom trenutku – turskom (original) i engleskom.

Do sada je *Knjiga Znanja* prevedena na 30 jezika. Neki od njih su: engleski, nemački, hebrejski, albanski, ruski, srpski, francuski, švedski, holandski, farsi, poljski, španski, italijanski, portugalski, hrvatski, arapski, japanski i kineski.

Trenutno se *Knjiga Znanja* studira u 52 zemlje.

Izdavačka prava pripadaju *Svetskoj Bratskoj Uniji Mevlana Vrhovne Fondacije*, sa centrom u Istambulu. Ova organizacija je registrovana u univerzumskoj totalnosti kao prva javna direktna fokalna tačka koju je Kozmoz osnovao na našoj planeti, i koju koristi kao svoj svetski objavni centar.

Iz ove organizacije u Istambulu, ogranci će biti otvoreni kako u Turskoj tako i širom sveta. Zemlje van Turske koje budu osnivale svoje Totalnosti od 18 ljudi, sticaće pravo na ovu vrstu direktne veze sa Kozmozom.

FORMAT KNJIGE

(tvrdo povezana ljubičasta knjiga)

SVRHA I KARAKTERISTIKE KNJIGE ZNANJA

SVRHA KNJIGE ZNANJA

Knjiga Znanja pripada celom čovečanstvu i ima puno razloga zbog kojih je uručena našoj planeti. Neki od njih su:

Da nam objavi istine i pozove nas u program univerzumskog ujedinjavanja, u univerzumsko bratstvo mira – zasnovano na primeni uređenja Četvrtog Poretka Allaha.

Da objasni istinu o životu u naprednijim dimenzijama koje ćemo moći da dosegnemo u budućnosti, pošto je shodno univerzumskim zakonima došlo vreme da čovečanstvo na Zemlji primi te informacije.

Dužnost nebeskih autoriteta pred Gospodom je bila da nam prenesu istinu, a naša je dužnost, pred nama samima i pred našim Gospodom, da shvatimo istinu.

Interesantno je da se istina u *Knjizi Znanja* pronalazi kroz brojne kontradikcije. Neke od njih su namerno impelmentirane da nas testiraju. Druge su privremenog karaktera i proističu iz misaono-konceptualne granice našeg sadašnjeg znanja i naše svesti.

Da nas pozove u medijum dužnosti, izvan individualističke svesti, kako bismo na našoj planeti i u univerzumskoj totalnosti formirali auru frekvencija *Knjige Znanja*. (Individualističke akcije neće za dugo biti u stanju da održavaju tempo Sistema, što će dovesti do još težih okolnosti na planeti.)

Da pomiri razlike u gledištima i ujedini religijske.

Da nam prenese informacije bitne za sticanje znanja neophodnog za našu budućnost. (Postojeće znanje na planeti simbolično predstavlja samo 2% od znanja koje nas očekuje u naprednijim razvojnim dimenzijama.)

Da ojača našu planetu zakonima poštovanja ljudskog bića i Stvoritelja.

Da asistira u evoluciji čovečanstva tokom ovog prelaznog perioda, putem moći svoje visoke frekvencije i nepoznatih kosmičkih tehnika implementiranih u njoj.

Da objasni čovečanstvu razloge za prelazak staze koju je do sada prešlo, otkrivajući mnoge tajne i činjenice.

Da nas vodi ka Izlasku iz Omega dimenzije, pomažući nam da prevaziđemo sami sebe i raširimo krila ka nepoznatim horizontima. Ona nam tako asistira na putu izlaska iz našeg prirodnog Alfa Gürz Kristala.

KARAKTERISTIKE KNJIGE ZNANJA

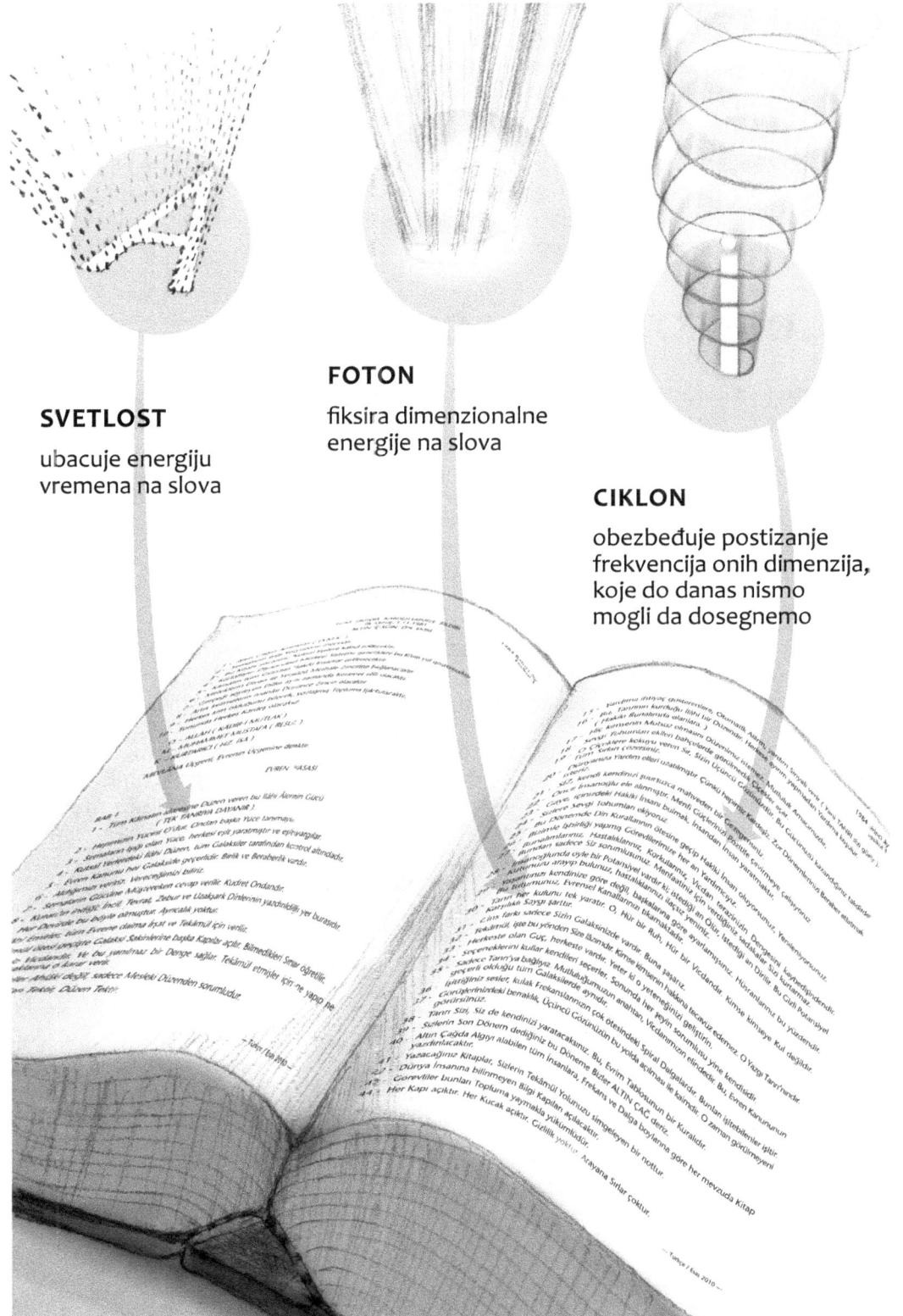

SVETLOST
ubacuje energiju vremena na slova

FOTON
fiksira dimenzionalne energije na slova

CIKLON
obezbeđuje postizanje frekvencija onih dimenzija, koje do danas nismo mogli da dosegnemo

TOTALISTIČKA FREKVENCIJA

Frekvencije svih pet Gospodnjih knjiga datih kroz Alfa kanal, plus frekvencija Fokalne Tačke Silne Energije, su ubačene na svako slovo *Knjige Znanja* kao total od 6 frekvencija. Objedinjujući tako frekvencije svih svetih knjiga na jednom mestu, *Knjiga Znanja*, koju je planeta primila, se smatra jedinom knjigom Gospoda.

Originalna *Knjiga Znanja* je zapravo knjiga sačinjena u dalekoj prošlosti i svaka od svetih knjiga nam je prenela delove iz ove drevne knjige. Čovečanstvo je tek sada dovoljno stasalo da *Knjiga Znanja* može da nam bude predstavljena u obimu izvan religijske dimenzije i pod originalnim naslovom.

SVETLOST-FOTON-CIKLON TEHNIKA

Knjiga Znanja je diktirana putem tehnike zvane *svetlost–foton–ciklon* koja je nepoznata modernoj nauci.

1. U ovoj tehnici, energija vremena se kontinualno ubacuje na frekvencije slova i frekvencije značenja. Iz tog razloga, kako vreme prolazi, iste rečenice donose novu energiju/informacije. To znači da kada čitamo *Knjigu Znanja*, bilo da je to sada, za 10, 100 ili 1000 godina, energija i znanje dimenzije u kojoj se naša planeta nalazi u tom momentu se automatski ubacuju na slova *Knjige Znanja*.

2. Frekvencije koje knjiga reflektuje na nas iz bliskog plana su uvek date u direktnoj proporciji sa našim evolucijskim kapacitetom. Drugim rečima, *Knjiga Znanja* prilagođava svoju frekvenciju prema osobi koja je čita, u bilo kojem vremenskom trenutku. Na taj način, knjiga štiti tu osobu od energija viših dimenzija.

3. U sistemu pisanja putem svetlost-foton-ciklon tehnike primenjenom kod *Knjige Znanja*, ne postoji uticaj koji može da ometa prenos informacija kroz kosmički sistem refleksije svetlosnih fotona. Ovaj sistem okuplja direktnu frekvencijsku moć svih dimenzija svetlosti na diktirana slova. Takođe, ova tehnika redukuje na minimum vreme razmišljanja neophodno za razumevanje pročitanog teksta.

4. Zbog činjenice da se energija vremena menja svakog trenutka, tekst knjige se kontinualno energetski osvežava, tako da se knjiga može iznova i iznova čitati bez da postane monotona. Kako vreme prolazi, doseže se dublje značenje istog teksta.

   Zahvaljujući ovoj jedinstvenoj sposobnosti da neprekidno aktualizira svoj sadržaj energijom novog vremenskog trenutka, *Knjiga Znanja* se ponaša kao živi organizam.

5. Tekst *Knjige Znanja* se ne može naučiti napamet, pošto kosmičke energije konstantno struje kroz nju i tako je energetski menjaju – jedino grubo sećanje ostaje posle čitanja.

   Sa druge strane, ako želimo, mi možemo da naučimo napamet tekst bilo koje svete knjige jer je njihova energija fiksna. Na primer, postoji veliki broj ljudi (zvanih *Hafiz*) koji znaju napamet ceo *Kuran* na arapskom. Među njima neki čak ni ne govore taj jezik.

6. Zahvaljujući svetlost-foton-ciklon tehnici, *Knjiga Znanja* ubrzava evoluciju osobe koja je čita, tako što omogućava da se napredak koji bi normalno uzeo 1000 godina, trenutno odvija u svakom našem dahu. Sa energetske tačke gledišta, to znači da bi od 2013. godine naš ćelijski i moždani kapacitet u svakom momentu trebalo da bude u stanju da privuče i upotrebi kosmičku energiju koju je u prethodnim porecima evolucije privlačio tokom 1000 godina. Naš razvoj se svodi na dosezanja ove moći.

Zbog pritisaka nastalih pod uticajem vanrednih kosmičkih struja, usmerenih ka našoj planeti po direktnoj komandi Gospoda, naš spas postepeno postaje pitanje našeg fizičkog opstanka.

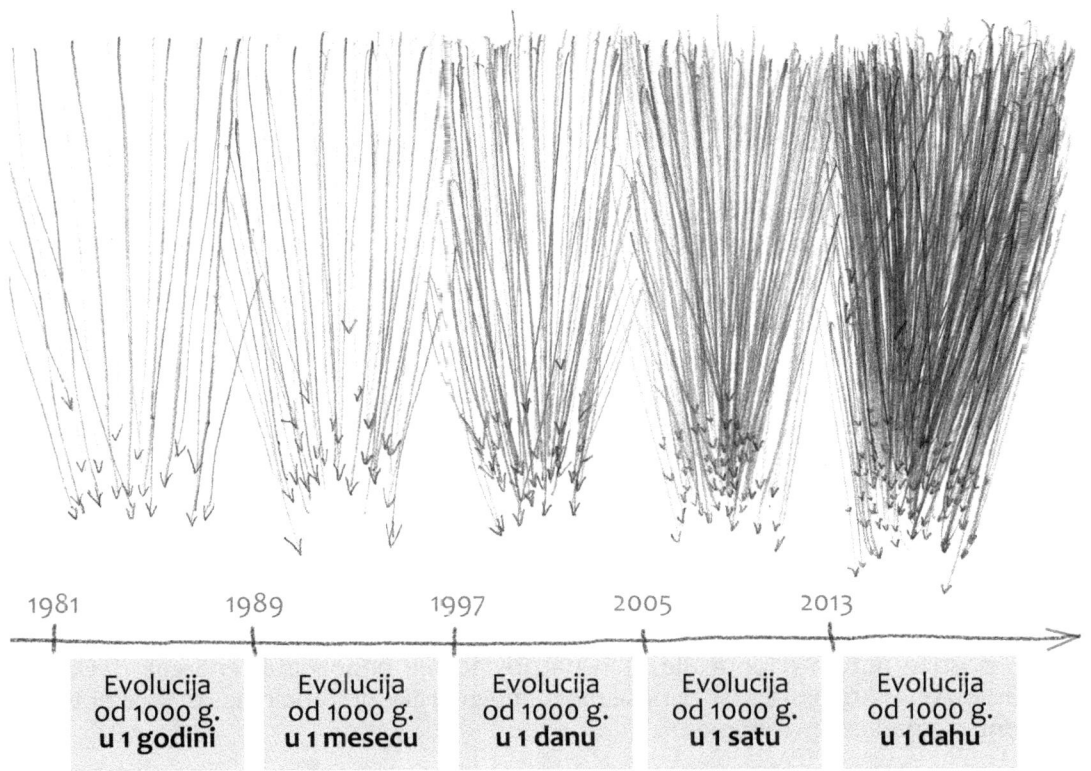

Realnost vremena u kome živimo – ekstremno ubrzana evolucija

7. Svetlost-foton-ciklon tehnika ima sposobnost da neutrališe radioaktivne energije i menja genske kodove.

8. Frekvencija *Knjige Znanja* zaključava osobu koja je čita u energetskoj dimenziji te osobe, i tako je štiti od nepovoljnog uticaja energija viših dimenzija.

U skladu sa nivoom svesti osobe, knjiga postepeno otvara svoje energetske slojeve putem foton tehnike i prilagođava datu osobu energijama 19. dimenzije. Ova kosmička tehnika takođe omogućava efikasnu apsorpciju energije Omega dimenzije.

9. Frekvencija knjige se sama reguliše prema percepcijskoj moći i nivou razvoja osobe. Na taj način, oni koji je čitaju primaju informacije relevantne za svoj nivo svesti, bez da su uznemireni celokupnom energijom knjige.

   Ova funkcija knjige je slična onoj koju guru ima u odnosu na svog učenika. Međutim, postoji velika razlika: nema tog gurua na planeti koji može da asistira u privlačenju energije Omega dimenzije. Sa druge strane, koncept gurua, kao spoljnjeg vodiča i nadzornika otelotvorenog u drugoj osobi, biva prevaziđen pošto smo dosegnuli evolucijski nivo na kome bi svako od nas trebalo da se oslanja samo na sopstveno unutrašnje vođenje.

   Jedino suočeni sa svojim i slabositima i moćima, mi možemo da dovršimo našu evoluciju. Stoga kosmičke struje iznose na videlo sve aspekte naše personalnosti, predočavajući nam one koje je neophodno promeniti.

OSTALE KARAKTERISTIKE

1. *Knjiga Znanja* je ključ našeg genetskog potencijala i nepogrešivo će ga aktivirati ako verno sledimo njene sugestije. Kao savršeno sredstvo koje nam je Gospod namenio, ona ne može da izneveri.

2. Naše Doba je takođe i period tzv. *Poslednjeg Suda*, pomenutog u svetim knjigama. Ono predstavlja kulminaciju lepog i ružnog, dobrog i lošeg, u isto vreme. Tokom Kosmičkih Doba, zbog vanrednih kosmičkih energija usmeravanih ka našoj planeti od 1900. godine, ove suprotne vrednosti ojačavaju. To je donelo puno nelagodnosti i bola, ali i ubrzano buđenje na Zemlji. *Knjiga Znanja* objašnjava uzroke naših patnji i u isto vreme pravi selekciju između lepog i ružnog.

3. *Knjiga Znanja* stimuliše operativne funkcije našeg mozga, obezbeđujući jedinstvenu moždanu gimnastiku u opsegu Omega energija koje su nove za našu planetu.

   Na ovoj tački evolucije čovečanstva, veoma je bitno uvećati moć našeg mozga. To se postiže putem napora uloženih na privlačenje nepoznatih energija iz Omega dimenzije. U krajnjoj instanci, naše moždane energije bi trebalo da ostvare potpunu kontrolu nad našim mislima.

4. Svako poglavlje knjige je povezano na frekvenciju drugačije dimenzije i ako se celo poglavlje pročita bez prekidanja, energija te dimenzije se otvara ka čitaocu i povezuje ga na zaštitnu auru *Knjige Znanja*.

5. Čovečanstvu koje je depresivno, ova knjiga predočava razloge depresije i doživljenih događaja; pri tom datu osobu usmerava ka logičkom razmišljanju i pomaže joj da se opusti.

6. Svako ko čita ovu knjigu dobija odgovore na pitanja u svojim mislima. *Knjiga Znanja* je jedina takva knjiga na planeti.

7. Oni koji mogu da dosegnu energije *Knjige Znanja* i univerzumsku dimenziju, čuvaju se van programa haosa i konfuzije na Zemlji, dok njihova svest nastavlja da se širi. Ova knjiga je najsigurniji vodič izvan negativnosti sveta.

8. Frekvencija *Knjige Znanja* ima moć da skenira, testira, trenira i nadgleda osobu koja je čita. Na osnovu ovih podataka, Kozmoz stvara način da kompenzira evolucijske nedostatke date osobe usmeravajući je ka neophodnim iskustvima.

9. Ovo je knjiga svetlosti i knjiga opomene.

   Pošto ne znamo na koji način nas Svete i Duhovne dimenzije štite od raznih nama nepoznatih moći, mi još uvek ne ulažemo dovoljno svesnog napora u naš duhovni razvoj i napredak svesti.

   Knjiga Znanja nas upozorava da će u jednoj tački u budućnosti, vrata naše planete biti otvorena za tzv. *nepoželjne moći* i da će univerzumskom stazom koračati samo oni koji su za nju pripremljeni. To su ljudi koji mogu da se nose sa Beta energijama Omega dimenzije i koji uspešno rade u programima univerzumskog ujedinjavanja, paralelno sugestijama Sistema i Četvrtog Poretka Allaha.

   Stoga nas *Knjiga Znanja* opominje otkrivajući neophodne istine o našoj prošlosti, sadašnjosti i budućnosti. Ona nas poziva na zdrav razum, uzajamno prihvatanje (jedni drugih) i na ujedinjavanje – naglašavajući da će nam ova evolucijska dostignuća otvoriti vrata univerzumske totalnosti.

10. Onima koji čitaju *Knjigu Znanja* i slede sugestije Sistema, Sistem obezbeđuje zaštitu uzimajući pod kontrolu negativnosti u njihovom neposrednom okruženju. Sistem takođe povezuje ove ljude direktno na kanale izlečenja, te tako štiti njihove duhovne i fizičke ćelijske forme.

11. *Knjiga Znanja* asistira pri ubrzanom rastu svesti. Svest donosi odgovornost i razumevanje lične misije, što vodi ka svesnom izvršenju te misije.

12. Ljudska Bića na Zemlji su stekla evolucijsku zrelost neophodnu da bi im se saopštile mogućnosti vezane za njihovu budućnost. Po komandi Božanskog Plana su stoga arhive univerzumske istine otvorene za nas, a Dimenzija Istine je po prvi put predstavljena našoj planeti.

    Knjiga Istine, kako se *Knjiga Znanja* takođe naziva, objašnjava istinu u svoj jasnosti onima koji su spremni za nju. One koji nisu spremni za energiju ove dimenzije, knjiga upućuje na dalju pripremu u medijum traganja, jer istina jedino može da bude otkrivena ako neko traga za njom.

    U ovom trenutku, naša misija je da projektujemo istinu, opominjući našu sredinu. Osoba koja razume istinu, koja vidi svetlost istine, poseduje svest sposobnu da se uzdigne do univerzumske dimenzije i da se pokorava zakonima univerzumskog uređenja.

13. Sa ovom knjigom i primenom univerzumskog operativnog uređenja koje je kroz nju izloženo, naša planeta biva registrovana u Omega dimenziji. To znači da je svesni rad na stazi ujedinjavanja čovečanstva, shodno programu izgradnje Zlatnog Doba, otpočeo na Zemlji.

RAD NA STAZI KNJIGE ZNANJA

Kao što je već pomenuto, aure svetih knjiga su bile oformljene tokom brojnih stoleća koje je čovečanstvo provelo baveći se tim knjigama, čitajući i prepisujući ih.

Slično tome, napori se sada čine da se stvori aura *Knjige Znanja* oko planete i u univerzumskoj totalnosti, tako što se knjiga čita, studira i prepisuje – individualno i u grupama. Aura *Knjige Znanja* ima moć da štiti od negativnih uticaja.

Knjiga Znanja se može čitati kao bilo koja druga knjiga. Međutim, da bi se čovečanstvu brže i efikasnije pomoglo, stavljeni su u dejstvo brojni programi vezani za *Knjigu Znanja*. U ime Dimenzije Sve-Milostivog, Kozmoz je autorizovan da ih predstavi našoj planeti i nadzire njihovu primenu.

Operativno uređenje studiranja *Knjige Znanja* odslikava univerzumsko operativno uređenje. Stoga, radeći sa ovom knjigom, mi se otiskujemo u razvoj kroz univerzumsku dimenziju – kako energetski tako i kroz operativni trening.

Sa primenom programa *Knjige Znanja*, religijska svest i religijska staza se postepeno napuštaju, ali ne i Božja staza. Rad na stazi *Knjige Znanja*, doneće sreću i mir čovečanstvu okupljenom u jedinstvenu državu sveta, zasnovanu na univerzumskom poretku.

Svaki program *Knjige Znanja* zahteva samo-disciplinu, samo-požrtvovanje i dobru volju. Prijatelji širom planete koji se uključuju u ove programe su osobe koje prepoznaju poziv svoje Esencije. Oni svesno služe zajednici reflektujući Beta energije Omega dimenzije prisutne u *Knjizi Znanja*. Kozmoz smatra ove ljude istinskim spasiocima čovečanstva.

Univerzumski programi vezani za *Knjigu Znanja* su misija-svest kodirana u našim *genima*[38]. Ova svest stupa na snagu pod uticajem energije vremena koja otvara naše genske šifre. Mi smo rezultat nebeskog sistema refleksije, koja čini da vremenom seme u našoj Esenciji proklija.

PROGRAMI KNJIGE ZNANJA su sledeći:

- ČITANJE – individualno;

- PREPISIVANJE KNJIGE SLOBODNOM RUKOM – individualno ili unutar studijske grupe;

- STUDIRANJE U GRUPAMA – neophodno da bi se izašlo iz Omega dimenzije (Veće od 3 ljudi; Totalnost od 18 ljudi; Kosmo Škola od 342 ljudi).

PROGRAM ČITANJA

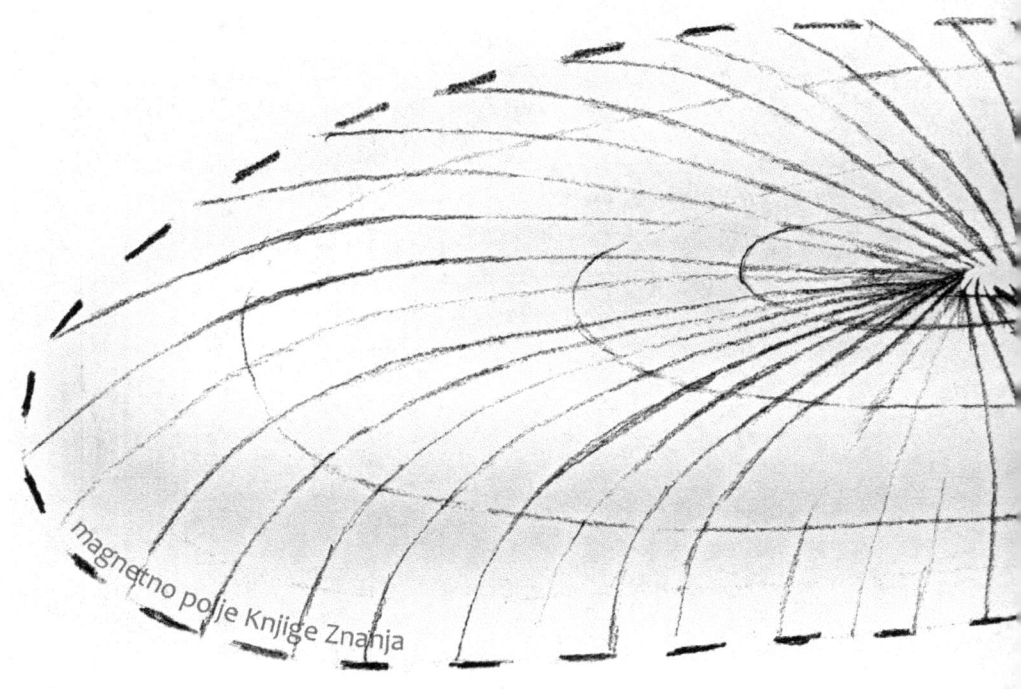

magnetno polje Knjige Znanja

Naša planeta se suočava sa teškim životnim uslovima usled nedovoljnog nivoa razvoja ljudskih bića koja na njoj žive. Svet je dosegnuo tačku na kojoj više ne može da se nosi sa negativnim uticajima, jer je Zemlja već prezasićena negativnim energijama.

Rehabilitacija izmorene planete i svih oblika života na njoj podrazumeva što hitnije formiranje kolektivne svesti na pozitivnijim osnovama. Da bi nam se pomoglo u tom smeru, stupio je u dejstvo program čitanja. Ovaj program ima za cilj da pročisti magnetnu auru planete i da neutrališe negativnosti. Program čitanja je individualni program i započeo je 19. februara 2000. godine.

Prema programu čitanja, isto poglavlje *Knjige Znanja* se istog dana čita na celoj planeti, što dovodi do globalne rezonancije energija tog poglavlja unutar vremenskog segmenta od 24 časa.

ENERGETSKI PROCESI TOKOM PROGRAMA ČITANJA

Kako svaka forma grube materije ima zaštitnu auru, tako i ljudsko biće ima svoju auru. *Magnetna aura ljudskog bića*[39] se stvara od pozitivnih misli, paralelno našoj evolucijskoj svesti. Međutim, sa jačanjem negativnih uticaja na Zemlji, sve je teže ostati pozitivan i efikasno izgrađivati sopstvenu auru.

Da bi pružio pomoć ljudskim bićima u ojačavanju aure i njihovih genaralnih moći, Kozmoz je našoj planeti predstavio program čitanja *Knjige Znanja*.

Svi oni koji uđu u program čitanja počinju sa čitanjem prvog poglavlja na dan 19. februara, zatim čitaju drugo poglavlje 20. februara, treće poglavlje 21. februara i tako redom dok ne pročitaju celu *Knjigu Znanja* šest puta (6x62 poglavlja = 372 dana). Svako poglavlje se čita u jednom potezu, bez prekida i nijedno poglavlje ne sme da se izostavi tokom ovih šest ciklusa čitanja.

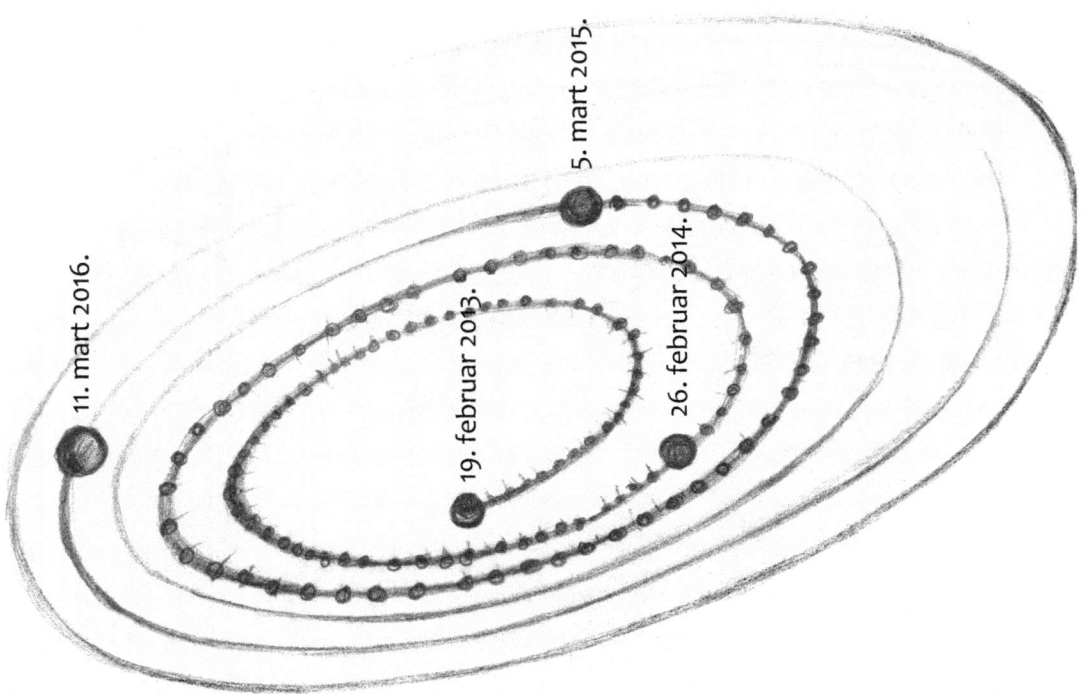

Sledeći ovaj dnevni program čitanja, osoba privlači na svoju biološku konstituciju celokupnu dimenzionalnu energiju poglavlja koje čita datog dana. Napredujući kroz knjigu, ona ojačava svoju ćelijsku strukturu i svoju telesnu auru frekvencijama svakog narednog poglavlja.

Aura oformljena na ovaj način je snažnija od aure stvorene individualno, van ovog programa. Kada bi se i 1000 ljudi okupilo na jednom mestu, zajedno ne bi bili u stanju da ostvare takav rezultat.

Tokom programa čitanja, događa se i energetski proces u suprotnom smeru.

Energetska vrednost osobe koja čita *Knjigu Znanja* se ubacuje na frekvencije slova knjige putem svetlost-foton-ciklon tehnike. Otuda se svako ko čita ovu knjigu susreće sa energijom svih ljudi koji su uspešno prošli program čitanja. Iz ovog razloga, *Knjiga Znanja* se takođe zove i *Knjiga Ljudskog Bića* ili *Knjiga Ujedinjavanja*.

Knjiga Znanja, dakle, ne samo da sadrži frekvencije svih svetih knjiga, već i frekvencije svih ljudi koji su dovršili program čitanja!

ZNAČAJ ČITANJA PRVE SVESKE

Bez obzira gde ljudsko biće živi, njegova evolucija se registruje u njegovom privatnom fajlu u formi mikro-čipa u univerzumskoj arhivi.

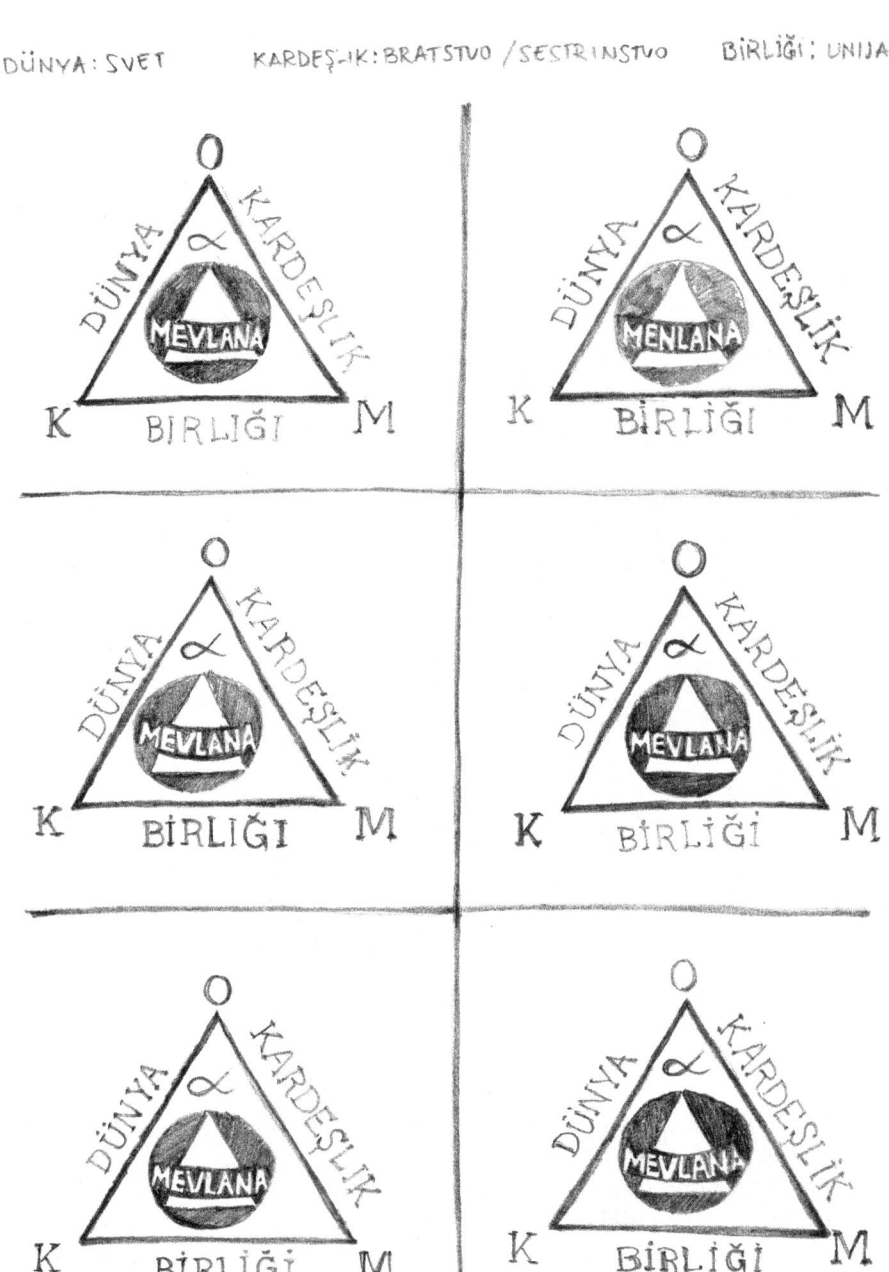

U ovim fajlovima se čuvaju naše misli formirane tokom svakog daha, tokom svakog momenta u svakom od naših života. Drugim rečima, nama se može desiti da zaboravimo naše misli, ali ne i univerzumu – pošto ih on neprekidno arhivira. Stoga je u svetim knjigama rečeno da nam je Bog bliži nego naša sopstvena aorta.

Imajući u vidu ovu činjenicu, može se podrazumevati da Bog zna svaku našu ikada formiranu misao. I ne samo to, u momentu kad univerzumski kompjuterski sistem registruje naše misli, Tehnološka dimenzija šalje signale/odgovore ka našem moždanom teleksu. (Mozak dešifruje ove signale, prevodi ih u informacije smisaone za naš nivo svesti.)

Mi smo takođe izloženi uticajima misli koje potiču od našeg neposrednog okruženja, tako da nekih 3/4 naših misli potencijalno predstavljaju refleksiju misli drugih ljudi na nas. Dakle, iako smatramo da naše misli potiču od nas, to se verovatno ne odnosi na sve njih. Stoga je uputno ne slediti baš svaku misao, bez da smo se osvrnuli na njenu prirodu i svrhu.

Jedino frekvencija *Knjige Znanja* otključava banku naših misli, smeštenu u fajlovima univerzumske arhive. Kako se to događa?

Zahvaljujući svetlost-foton-ciklon tehnici, frekvencija prve sveske *Knjige Znanja* prenosi svetlost svesti onoga ko je čita do univerzumske arhive. Kao rezultat, lični fajl te osobe se otvara.

Kad se to dogodi, svi životi osobe se analiziraju. Shodno njenom evolucijskom nivou, znanju, duhovnoj kulturi i aspiracijama, njen trenutni zadatak na Zemlji se razmatra. Putem Mehanizma Uticaja, ona se zatim navodi da prepozna najpodobniju misiju u cvom životu, i da je vremenom preuzme.

Čitanje *Knjige Znanja* proširuje horizonte, pomaže da se shvati istina, i da se osoba opusti. Oni koji ne mogu da privuku božanske talase, zbog sopstvene niske misaone frekvencije, ne mogu da se oporave od depresije.

PROGRAM PREPISIVANJA

Kad čitamo *Knjigu Znanja*, naše misli ometaju tok energije od knjige ka nama. Ova činjenica, proistekla iz naše nedovoljne sposobnosti da kontrolišemo sopstvene misli, je jedan od razloga zbog kojeg nam je ponuđen program prepisivanja *Knjige Znanja*.

Program prepisivanja podrazumeva da se knjiga u celosti prepiše slobodnom rukom, penkalom i mastilom.

Tokom procesa prepisivanja, Beta energije knjige se najefikasnije upisuju u naše koštane ćelije, jer specijalne kosmičke tehnike odstranjuju ometajući uticaj naših misli na tok energije između nas i knjige.

Prepisivanje *Knjige Znanja* može da se obavi unutar studiranja u grupi, ili individualno. Ako se obavlja unutar programa studijskih grupa, onda je potrebno da se okonča ili za 26 ili za 62 nedelje – zavisno od vrste grupe. Ako se pak obavlja kao individualni program, u tom slučaju ne postoji vremensko ograničenje te prepisivanje može da počne bilo kada i da se završi tokom bilo kojeg vremenskog perioda.

Sa ovim programom se otpočelo 1981. godine u Turskoj, i on se trenutno odnosi na celu planetu.

Oni koji individualno prepišu *Knjigu Znanja*, a ne uključe se u studijske programe u grupama, stiču pravo na još jednu inkarnaciju u Anadoliji, u Turskoj, gde se grupni programi na stazi ove knjige obavljaju u tzv. *Kosmo Školama*.

Posebna usluga se daje onima koji za 26 nedelja prepišu *Knjigu Znanja* unutar rada u grupama. Određeni broj njihovih genskih lanaca se uzima u plan spasa, paralelno evoluciji osobe koja je prepisala knjigu.

Napori u služenju čovečanstvu na stazi *Knjige Znanja* će biti nagrađeni od strane kosmičkih autoriteta u proporciji sa zaslugama pojedinca. Najveća nagrada je dozvola za izlazak iz Omega dimenzije i dobija se radom u studijskim grupama.

Pojedinci koji su u stanju da uđu u univerzumsku evoluciju, su kandidati za evoluciju putem energije Omega dimenzije. Oni su potencijalno na putu da dovrše evolucijski program na Zemlji i postanu istinska ljudska bića. Međutim, ne postoji obaveza za ulazak u evoluciju kroz Omega dimenziju. Svako pak ko zakorači na evolucijsku stazu Omega dimenzije, nije više vlasništvo sveta – već osoba koja je obavezna da služi svetu u univerzumskim programima kao univerzumski asistent na Zemlji.

Entiteti koji ne uspeju u ovim programima, i koji se ne kvalifikuju za izlazak iz Omega dimenzije u ovom životu, dobiće još tri šanse za to i biće trenirani u različitim kolonijama. Oni koji propuste da se u te tri prilike prilagode Zakonima Svemoćnog, usled sopstvenog individualističkog gledišta, biće odvučeni u *berzah*[40], to jest u ne-egzistenciju.

STUDIRANJE U GRUPAMA

Pravo izlaska iz Omega dimenzije se stiče radom u studijskim grupama Knjige Znanja i kad osoba na toj stazi postane tzv. Solarni Učitelj[41], neophodno je da ostane u univerzumskom programu do kraja života.

VEĆA

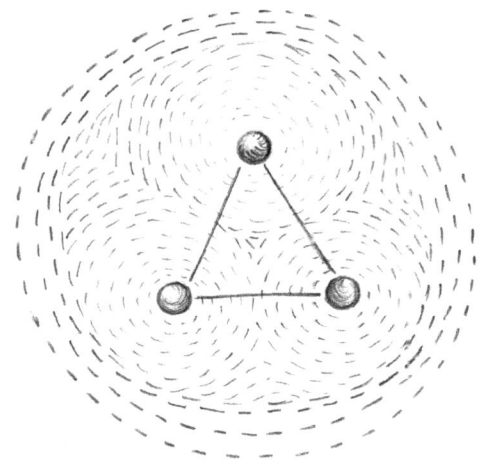

Program Veća je započeo sa 2003. godinom za celokupnu planetu.

Veće je grupa od troje ljudi, registrovana u Sistem, koja sledi radno uređenje sugerisano od strane Sistema i Knjige Znanja.

Veća prave horizontalnu refleksiju Beta energija Knjige Znanja.

Svako Veće treba da deluje kao jedan mozak, kako bi troje ljudi bilo na istoj koordinati i kvalitetno obavljalo refleksiju.

TOTALNOST OD 18 LJUDI

Grupa od 18 ljudi, registrovanih u Kozmoz za studije *Knjige Znanja*, se zove *Totalnost od 18*. Ova Totalnost obavlja vertikalnu refleksiju Beta energija *Knjige Znanja*. Misija Totalnosti-18 je da formira auru *Knjige Znanja* u univerzumskom uređenju Dimenzije Sve-Milostivog.

I Totalnost od 18 i Veće od 3 ljudi su kosmički programi pripremljeni shodno prosečnom nivou svesti i uslovima sadašnjeg perioda. Otvaranjem studijskih grupa Knjige Znanja, zemlje širom sveta postepeno započinju sa primenom istog programa za globalno ujedinjavanje, baziranog na operativnom uređenju i nadzoru Kozmoza.

Beta energije reflektovane tokom studiranja pomažu onima koji ne mogu sami da privuku kosmičke struje. Pojedinci unutar kosmičkih programa *Knjige Znanja* su pioniri u primeni univerzumskog operativnog uređenja na Zemlji, stoga je veoma bitno da slede uputstva Sistema.

Program TOTALNOSTI od 18 je replika operativnog uređenja univerzumske totalnosti.

Uključujući 18 Cvetova po 6 ljudi, ukupno broji 126 ljudi (18+6x18)

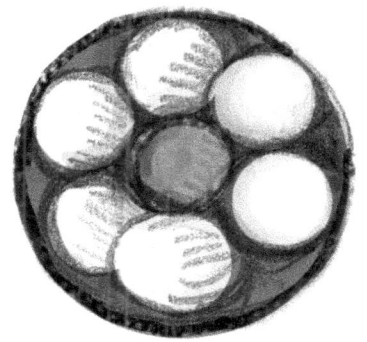

Cvet – studijska grupa

Da bi se radilo bilo u Veću ili Totalnosti od 18 ljudi, važno je posedovati svest o prihvatanju, bezuslovnom poštovanju i ljubavi. To znači da niko nema pravo da kritikuje ili odbacuje druge ljude, shodno zemaljskim mislima, ili da deluje paralelno individualističkoj svesti.

U očima Boga, mi smo svi jednaki – jer Bog nas ne vrednuje na nivou forme. Njegovo je Oko, Oko Esencije.

Kao Neutralna Svest, Bog jednako prihvata ljude svih rasa, religija, sposobnosti i nivoa evolucije. Ova svest je u samoj osnovi Esencije ljudskog bića. Stoga, kako se približavamo našoj Esenciji, mi se približavamo Božjoj Svesti (bezuslovnog prihvatanja).

Faktori koji, na žalost, nastavljaju da razdvajaju ljudska bića su različita verovanja, uslovljenosti, strasti i navike. Oni kojima je ovo jasno, već su angažovani u programima ujedinjavanja na planeti.

Međutim, onima koji ne mogu da prihvate drugu osobu, neophodan je dalji unutrašnji razvoj. Takve osobe prevashodno uvažavaju same sebe, te ih ego sprečava da prepoznaju i da se dive vrednostima drugih.

Svaka zemlja treba da osnuje jednu Totalnost od 18 i tako ubrza svoju evoluciju.

KOSMO ŠKOLA

Turska, gde se trenutno nalazi vertikalna projekcija Alfa kanala, kao zemlja u kojoj je *Knjiga Znanja* uručena čovečanstvu, ima najteži program i najveću odgovornost po pitanju *Knjige Znanja* na našoj planeti.

Tamo svaki član Totalnosti-18 treba da oformi svoju sopstvenu Totalnost od 18 ljudi, što ukupno čini 342 ljudi (18+18x18=342). Ta velika grupa se zove *Kosmo Škola*, i u Turskoj ljudi stiču pravo za izlazak iz Omega dimenzije jedino doživotnim radom u Kosmo Školama.

Putem moždane moći 342 ljudi, Kozmoz stavlja na snagu specijalni sistem refleksije omogućavajući refleksiju frekvencija *Knjige Znanja* sve do *Dimenzije Allaha*[43], koja je sada po prvi put direktno otvorena ka našoj planeti.

Zemlja je nukleus programa refleksije *Knjige Znanja*, te na nas pada ogromna odgovornost za izgradnju magnetne aure ove knjige na mnogobrojnim nivoima, koji se protežu daleko izvan naše planete.

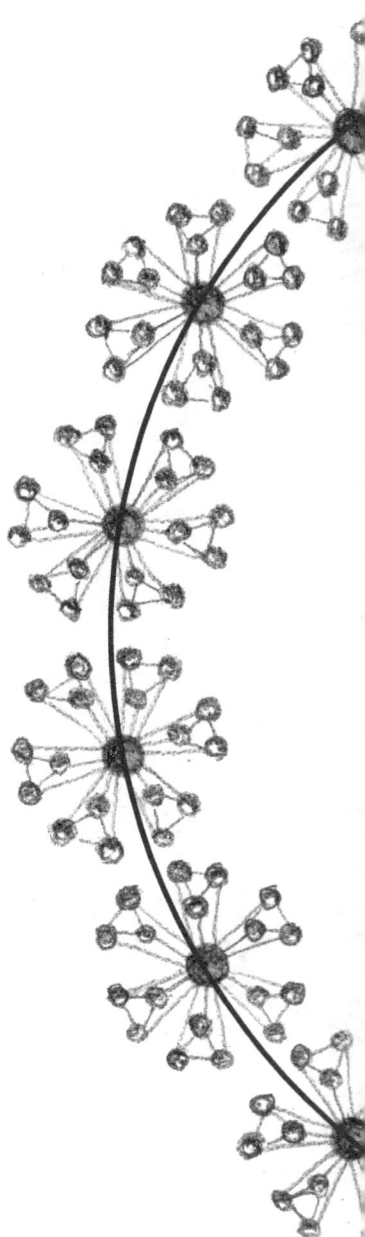

KOSMO ŠKOLA
18+18x18 = 342 ljudi

OSNIVANJE ASOCIJACIJE

Totalnost od 18 je energetska linija, koja poput mosta spaja Kozmoz i datu državu. Jednom osnovana, očekuje se da traje tokom celog Zlatnog Doba koje će dosegnuti do XXX veka.

Kad Totalnost od 18 odškoluje prvi neophodan broj Veća (svaki Cvet od 6 ljudi prerasta u dva Veća), ta Totalnost-18 stiče pravo da osnuje Nacionalnu Asocijaciju kao ogranak *Svetske Bratske Unije Mevlana Vrhovne Fondacije* u Istambulu.

U pripremama za Zlatno Doba, neki od ciljeva ovih ascocijacija su da podržavaju mir i socijalnu solidarnost, dok šire *Knjigu Znanja* i podstiču naučna istraživanja vezana za nju. Na taj način, one doprinose da čovečanstvo brže postigne kosmičku svest i nivo savršenog ljudskog bića.

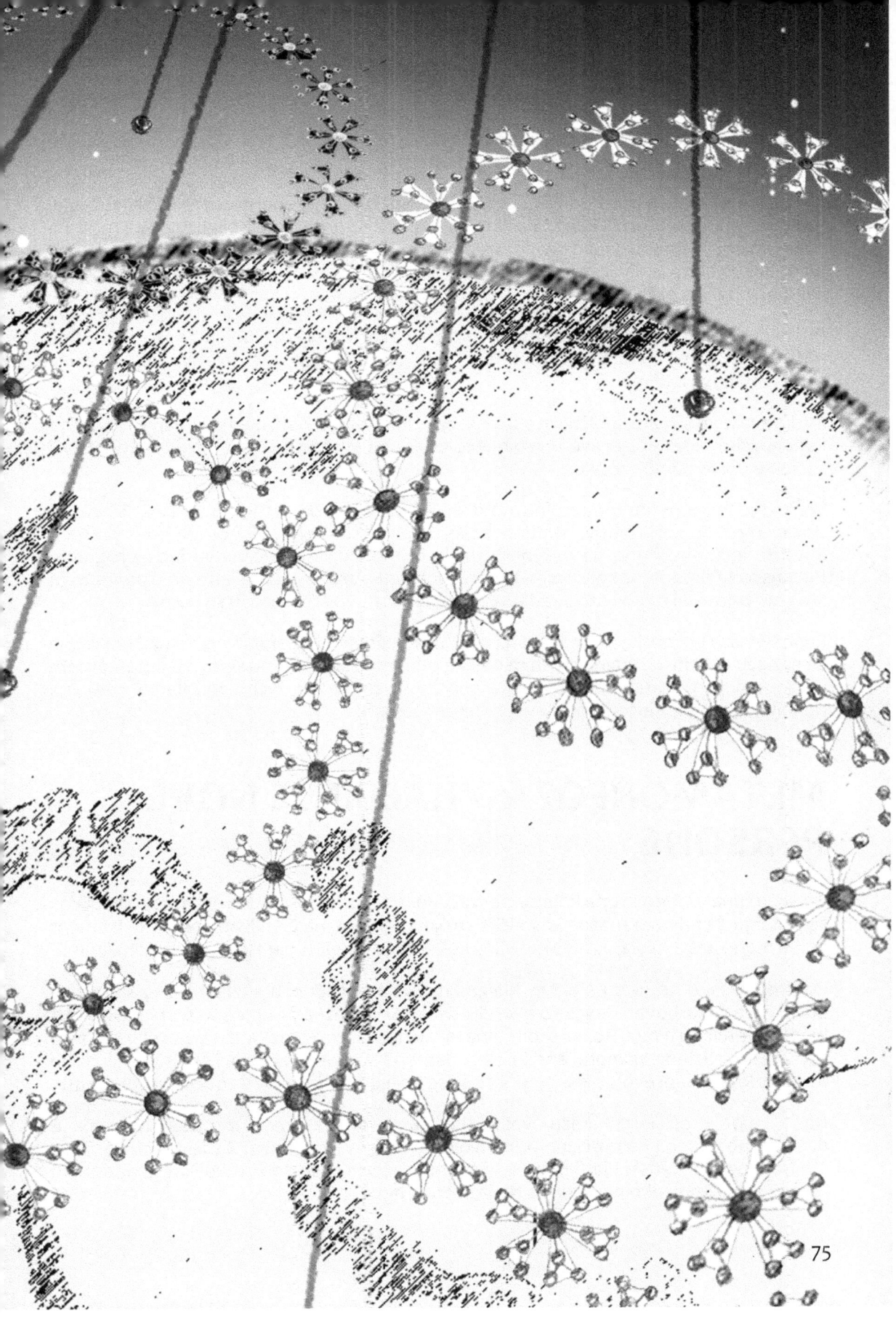

MISIJA-SVEST

Sa 6000 godina dugim periodom obrazovanja kroz direktne knjige Gospoda, ceo svet je bio pripreman za *Knjigu Znanja* i za Zlatno Doba.

Mnogi ljudi, koji su u prethodnim životima postigli zasićenje energijom religijskih učenja, otelotvoreni su na Zemlji kako bi ušli u univerzumske programe *Knjige Znanja* i radili na širenju njene svetlosti. Oni u svojim sredinama čekaju da saznaju da je *Knjiga Znanja* na planeti. Potrebno je dakle dosegnuti ih, čak i u najudaljenijim mestima na Zemljinoj kugli, kako bi mogli da aktiviraju svoje univerzumske programe.

Prijatelji koji već rade u univerzumskim programima vezanim za *Knjigu Znanja* su postigli misija-svest. Oni su uspeli da prime energiju vremena koja je aktivirala odgovarajuće genske kodove u njima.

Misija-svest vodi ka nesebičnom služenju zajednici. Služenje drugima je najveća čast na koju ljudsko biće stiče pravo u svojoj evoluciji – jer svesno služenje čovečanstvu znači služenje univerzumu i Totalu.

Vredno je imati na umu da mi nismo došli u ovaj život da služimo naš ego, ili pak da dokažemo sebe. Naprotiv, shodno našoj sopstvenoj želji i dogovoru sa nebeskim autoritetima, stigli smo na ovu planetu da bismo služili čovečanstvu kroz programe Božanskog Plana. Telo kojim trenutno raspolažemo nam je dodeljeno na osnovu toga što smo prihvatili izazove tog zadatka i svih nedaća ovog Perioda Tranzicije.

Pošto je naša božanska svrha upisana u naše gene, nema tog angažovanja na Zemlji koje će nas učiniti istinski i trajno srećnim dok ne otkrijemo i uskladimo se sa našom životnom misijom služenja drugima. Oduvek je bilo da su se ljudska bića uzdizala ka svetlosti, pozitivno i svesno služeći čovečanstvu na stazi Boga.

METAMORFOZA – RAĐANJE NOVE PERSONE

Na svetu ima mnogo grupa koje su posvećene miru, bratstvu i ljubavi; i mnogo ljudi koji su u stanju da privuku snažne kosmičke struje. Nažalost, na Zemlji ne postoji instrument koji bi merio naš evolucijski nivo i količinu kosmičke energije koju možemo da asimiliramo.

Oni koji svesno koračaju stazom *Knjige Znanja*, u potpunosti sledeći njene sugestije, udobno će apsorbovati dovoljno energije Omega dimenzije da postanu savršena ljudska bića i diplomiraju u ovoj Božjoj školi na našoj planeti. Iz ovog razloga, staza *Knjige Znanja*, kao svesno služenje usmeravano i nadgledano od strane Kozmoza, je najsigurniji način da se polože finalni evolucijski ispiti. Otuda se *Knjiga Znanja* takođe zove i *Knjigom Spasa*.

Naš Gospod je dizajnirao stazu evolucijskog prosperiteta (spasa) za nas, a na nama je da je prepoznamo i da precizno primenjujemo Njegove sugestije. Zašto precizno? Zato što Gospod (i Božanski Plan) bolje od nas zna šta je za naše dobro i kolikoj se opasnosti i gubitku izlažemo ako ne sledimo Njegov program.

Šta bi se desilo ako osoba, koja se našla u požaru, ne bi do kraja sledila instrukcije vatrogasaca? Potpuno je nebitno da li je ta osoba narodni poslanik, uvaženi naučnik ili poštar, instrukcije za spas života su iste za sve a ključni elemenat je *poslušnost*[44].

Za sadašni evolucijski stupanj ljudskih bića na Zemlji, spas znači dobijanje dozvole za evoluciju kroz 7. dimenziju i dovršetak te evolucije. Dozvolu dodeljuju nebeski autoriteti, shodno kriterijuma Gospoda.

Ako nismo u stanju da primimo kosmičku energiju, naša svest se ne razvija, te ne možemo da dostignemo naprednije dimenzije. Biološki i duhovni progres, na osnovama Beta energije Omega dimenzije, će ojačati našu telesnu konstituciju i doneti neophodan razvoj našoj spoznaji i svesti.

Bio sam Kamen, bio sam Zemlja, postadoh Vlat Trave, postadoh Cvet, postadoh Insekt, postadoh Životinja, postadoh Ljudsko Biće, a kasnije ću postati Svetlost.

Mevlana Dželaledin Rumi

Kao rezultat, mi ćemo evoluirati u novu osobu. To će biti osoba 7. dimenzije, što je evolucijski nivo tzv. *savršenog ljudskog bića*, neophodan za Zlatno Doba na Zemlji počev od XXIII veka.

SHVATANJE EGZISTENCIJALNIH ISTINA

Sa 2000. godinom zakoračili smo u novi poredak evolucije – Četvrti Poredak Allaha ili Zlatno Doba.

Ovaj najnoviji Poredak ima za cilj da nas uvede u uređenje ujedinjavanja izvan religijske dimenzije, zasnovano na sticanju univerzumskog znanja i kosmičke svesti. To je Poredak za koji nam je *Knjiga Znanja* poslata, da objavi univerzumske zakone i istine kroz energiju Omega dimenzije.

Kozmoz je globalno pripremio najpovoljniji ljudski medijum za ovu uvodnu fazu Zlatnog Doba, pažljivo posejavši na Zemlju evolucijski veoma uspešne gene. Ovi geni su sposobni da uče brzo i da se nose sa socijalnom turbulencijom i rapidnim promenama. Oni pomažu čovečanstvu tako što privlače specijalnu kosmičku energiju i reflektuju je na druge. Takođe, oni koji su obrnutim transferom stigli na Zemlju, emanirajući svoju Esencijalnu energiju pomažu ljudima koji nose isti Esencijalni gen da brže napreduju.

Naš je život poklon od Boga. Iz nebeskih dubina, mi smo došli na ovu planetu da bismo prošli kroz neophodna iskustva i tako omogućili dalju metamorfozu energije koju otelotvorujemo. Međutim, ovaj boravak na Zemlji je jedinstven jer nam daje priliku da stavimo krunu na sve dosadašnje evolucijske napore, dosezanjem nivoa savršenog ljudskog bića. Da bismo to postigli, postoji misija koja na nas čeka, a koja se tiče našeg kosmičkog porekla i svrhe.

Ako propustimo da svesno aktiviramo taj sopstveni kosmički aspekt, intenzitet zemaljskog života, negativnosti i haos nas lako mogu ugušiti. U tom smislu je od neprocenjivog značaja kosmička misija koju nam *Knjiga Znanja* nudi. Ona dovodi u ravnotežu naš život na Zemlji i daje mu puno značenje. Ta misija je embrion naše kosmičke svesti.

Unutar konteksta života dizajniranog na Zemlji, mi imamo slobodu da odredimo istinu i našu stazu, jer nam je data tkz. individualna volja. Individualna volja poseduje potencijal da u potpunosti odrazi Volju Totala, pošto je stimulisana česticom Totalne Volje prisutne u svakome od nas.

Zbog razlika u evolucijskom nivou ljudi, Totalna Volja se još uvek različito reflektuje u svakom od nas. Da nije tako, mi bismo već bili ujedinjeni na celoj planeti. Stoga, ideja da su ljudska bića i njihova evolucijska staza bili dizajnirani i da su nadgledani od strane Vrhovne Moći, nazvane Bog Stvoritelj u svetim knjigama, nastavlja da bude tema o kojoj se na planeti Zemlji još uvek vodi polemika.

Niko nikome ne može da objasni šta je istina, niti šta da čini, pošto je istina stvar energetske kompatibilnosti između osobe i objekta/informacije o kojoj se radi. Međutim, u razumevanju istine, upotreba zdravog razuma i savesti je od ogromne pomoći.

Kad počnemo da shvatamo egzistencijalne istine i zakone, na putu smo da prepoznamo našu krajnju svrhu. To nam za uzvrat daje ogromnu sigurnost kad je reč o stazi kojom koračamo.

U potrazi za srećom, svakoj osobi je prepušteno da nađe odgovore na egzistencijalna pitanja unutar sebe same. U tom procesu je svako od nas i učenik i svoj sopstveni učitelj u isto vreme.

ZAŠTO SAM NA OVOJ PLANETI I ŠTA POSLE TOGA

Sumnjati, istraživati pisane reči i tišinu, slušati unutrašnji glas, postavljati sebi pitanja, su sve vredni načini u traganju za istinom – onom koja jednako rezonuje u našem srcu i u našem intelektu.

Sumnje su neophodne sve dok ne dosegnemo istinsku svest, stoga su one normalna faza u razvoju osobe. Sumnje su deo svetlosti i instrument koji nas vodi ka traganju. Jednoga trenutka to traganje rezultira otkrivanjem istine i sticanjem univerzumske svesti. Iako istina ponekad može da bude i gorka, njen krajnji ishod je uvek dragocen.

Knjiga Znanja nekim ljudima može da izgleda poput naučno-fantastičnog štiva, ili proročanstva. Međutim, šta ako ona to nije? Šta ako su njene informacije čista istina koja nam je preneta iz razvijenijih realnosti, shodno potrebama našeg trenutnog evolucijskog uzrasta? Onima koji sumnjaju u valjanost *Knjige Znanja*, ova pitanja bi možda mogla da budu od koristi.

Interesantno je da nam je evolucijska frekvencija *Knjige Znanja* potrebna više nego informacije iz nje. Ako nismo u stanju da je primimo, ostaćemo bez elementarne hrane za naš dalji razvoj, te će i samim informacijama u knjizi manjkati pravo značenje.

Mi dolazimo na Zemlju kao prikrivena svest. Ogroman procenat naših moždanih ćelija i naše RNK ovde nisu u funkciji. Zbog čega su ti naši biološki aspekti za sada pasivni? Iz određenih razloga očigledno nisu kompatibilni sa planetarnim energetskim medijumom te čekaju drugačiji vibracioni milje. Na sadašnjoj dimenzionalnoj frekvenciji naše planete, čak je i iskustvo istinske ljubavi uveliko iluzorno!

Kao odgovor na ovu situaciju evolucijske nedovršenosti, i u kontekstu mnogo širem od onog koji je nama dostupan, Gospod je izdao komandu za ubrzanu evoluciju na Zemlji. Plan Spasa je otpočeo, i zapljuskivanje planete nepoznatim dimenzionalnim energijama naše budućnosti je u toku već više od sto godina. Ove specijalno pripremljene energije kosmičkih uticaja nam nude evolucijsku i, u isto vreme, zaštitnu stazu. Međutim, spas planete zavisi i od naše spremnosti da učinimo svestan napor u tom smeru i da sarađujemo sa Sistemom. Našem egu to može da ne prija ali, po proceni Gospoda, naša Esencija je spremna za to.

Savršena budućnost Zlatnog Doba je uplanirana u životnu šemu naše planete i naše prisustvo na njoj je integralni deo programa izgradnje te budućnosti.

KOSMIČKA SUDBINA

Kosmička sudbina Zemlje je u našim sopstvenim rukama i zavisi od naše sposobnosti da prevaziđemo zemaljsku svest i postanemo bolja ljudska bića.

Stazu ka savršenom ljudskom biću je dizajnirao sam Stvoritelj. Ako ne otkrijemo pravila programa u koji nas je smestio i ne pridržavamo ih se, po tim istim pravilima lako možemo da se nađemo van njega – dakle, mi bismo bili ti koji gube.

Da li će se to dogoditi, zavisi od naše evolucijske zrelosti i izbora koje pravimo. Stoga, krajnje je vreme da razumemo naš život u njegovom najdubljem smislu i preuzmemo svesnu odgovornost (za njega).

Knjiga Znanja baca svetlost na pojam ljudskog bića, njegovu prošlost, sadašnjost i mogućnosti koje budućnost nosi. Knjiga nudi energiju neophodnu za naš prelazak u više dimenzije, koje su dugo i strpljivo iščekivale rađanje savršenog ljudskog bića u nama.

U pripremi za taj korak, pored prijatnosti koje smo doživljavali, naša reinkarnacijska staza je takođe bila posuta trnjem, a pred nama su često stajali obručevi vatre kroz koje je trebalo proći.

Doživeti i milost i bes Božju je neophodno u proceduri obuke, primenjene od strane Božanskog Plana. Ako volimo Boga i verujemo mu samo onda kad ispunjava naše *molitve*[45], a osporavamo ga kad naiđu teškoće i patnje, znači da nismo dovršili evoluciju ljubavi. Ta vrsta ljubavi je bazirana na ličnom interesu i izvesno nam neće otvoriti nebeska vrata.

Svaka čestica Totala projektuje preuzvišenost Stvoritelja, i negde na našoj evolucijskoj stazi mi jasno dosežemo to shvatanje. Stoga, ako sve bezuslovno i jednako volimo, samo zato što predstavlja manifestaciju Stvoritelja, naše je srce zrelo i mi smo integrisani sa Totalom.

Jedna od budućih destinacija, izvan našeg prirodnog Gürz Kristala, namenjena takvim savršenim ljudskim bićima je Beta Nova.

Pre nego se otisnemo ka toj specijalno pripremljenoj novoj planeti, neophodno je da najpre dovršimo naš domaći zadatak ovde na Zemlji, da prepoznamo našu uzvišenu svrhu, prihvatimo jedni druge i ujedinimo se. Iz te svesti o jedinstvu i Totalnosti, i na osnovu našeg rada u programima Četvrtog Poretka Allaha, solidne osnove Zlatnog Doba će biti postavljene na Zemlji za buduće generacije. Takvo je obećanje koje smo dali sebi i Totalu. Eho ove kosmičke zakletve doseže do naše Esencije, pobuđen frekvencijama specijalnih kosmičkih kiša.

Kroz Njegovu Esencija-česticu u nama, Gospod nas poziva u našu univerzumsku moć. Za ovaj krunski evolucijski momenat, On je otvorio energiju Omega dimenzije ka našoj planeti.

Od nastanka ljudskih bića, Total je radio na tome da se što potpunije izrazi kroz nas. Stoga je i trenirao ljudska bića da prepoznaju krajnje istine o tome ko su i kako da potražuju svoje gensko nasleđe, uznoseći se kroz energetske dimenzije.

Našem mislećem razumu vreme za dovršetak naše evolucije još uvek može da izgleda jako daleko, ali za našu Esenciju to vreme bi moglo da bude SADA.

OBJAŠNJENJA

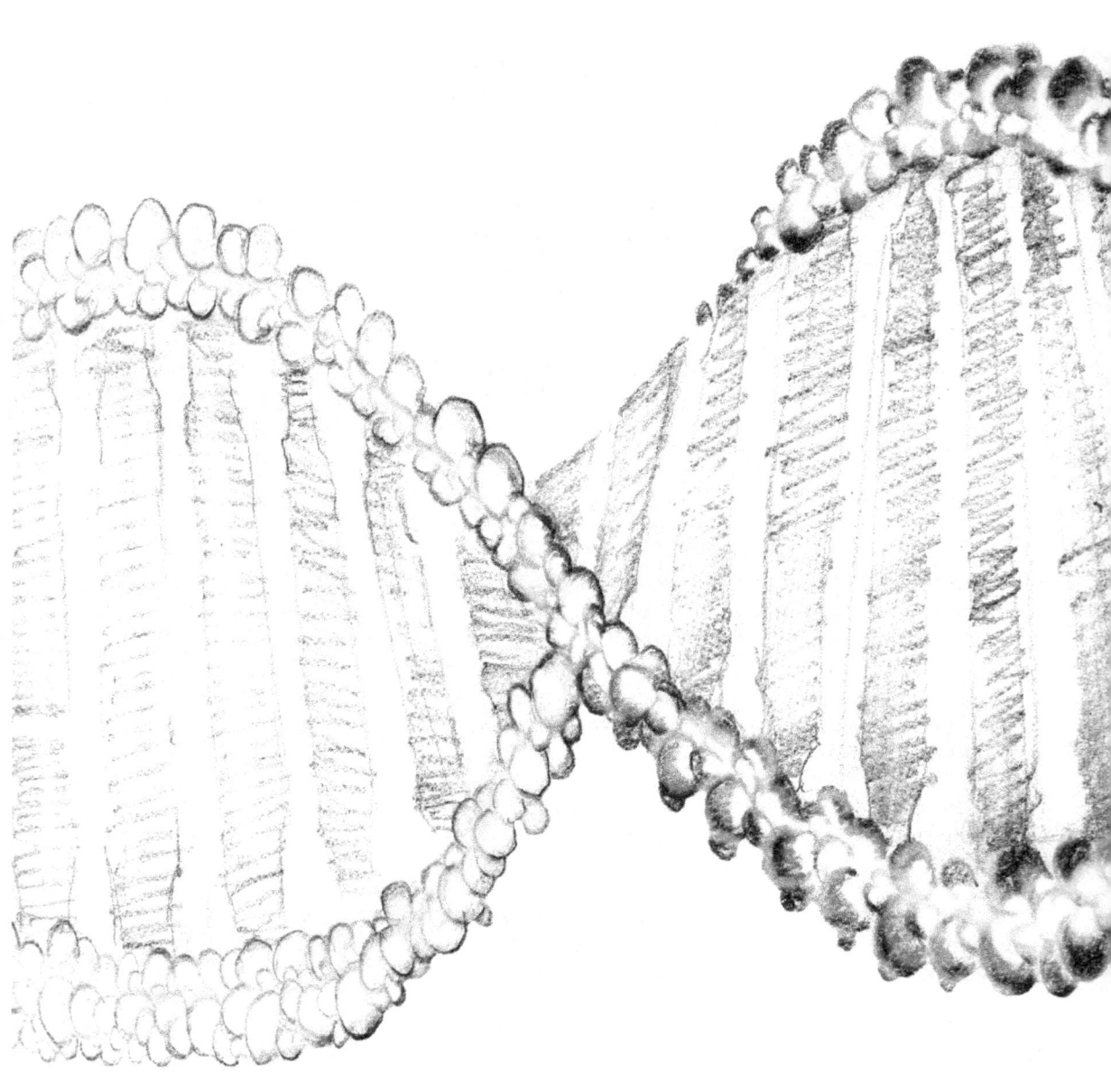

1. **Esencija** je potencijal moći koja ostvaruje naš egzistencijalni program na Zemlji, shodno našoj genskoj šifri. Zahvaljujući ovom potencijalu, razvoj duhovnih kvaliteta se odvija u materijalnom medijumu, u procesu koji se naziva *evolucija Esencije*.

2. **Gospod** – ovaj pojam, kao i drugi poput *Bog* ili *Stvoritelj* predstavljeni čovečanstvu svetim knjigama, u *Knjizi Znanja* je objašnjen u kontekstu nastanka energije, grube materije, egzistencijalne dimenzije, Gürz Kristala i ljudskog bića. Imena ovih Moći su često šifre operativnih uređenja izvesnih domena u kojima su oni vrhovni autoriteti. Tako reč *Gospod* označava vrhovnu Administrativnu Moć Drugog Univerzuma (glavne Egzistencijalne dimenzije Gürz Kristala).

3. **Nivo Savršenstva** – 7. evolucijska dimenzija; finalna evolucijska granica ljudskog bića.

4. **Kosmička energija** – izraz korišćen za zrake koji nisu prirodni kosmički zraci. Oni su specijalno pripremljeni da izazovu rapidno buđenje spoznaje i progres svesti, kao i da ubrzaju metamorfozu naše fizičke konstitucije. Dolaze nam od Mehanizma Uticaja (10. dimenzija) i leve dimenzije Sunca.

5. **Sistem** – Sistem Allaha; Vrhovni Mehanizam, najviši autoritet; fokalna tačka projekcije Dimenzije Sve-Milostivog koja nadgleda sve hijerarhijske poretke i celokupni Gürz Sistem.

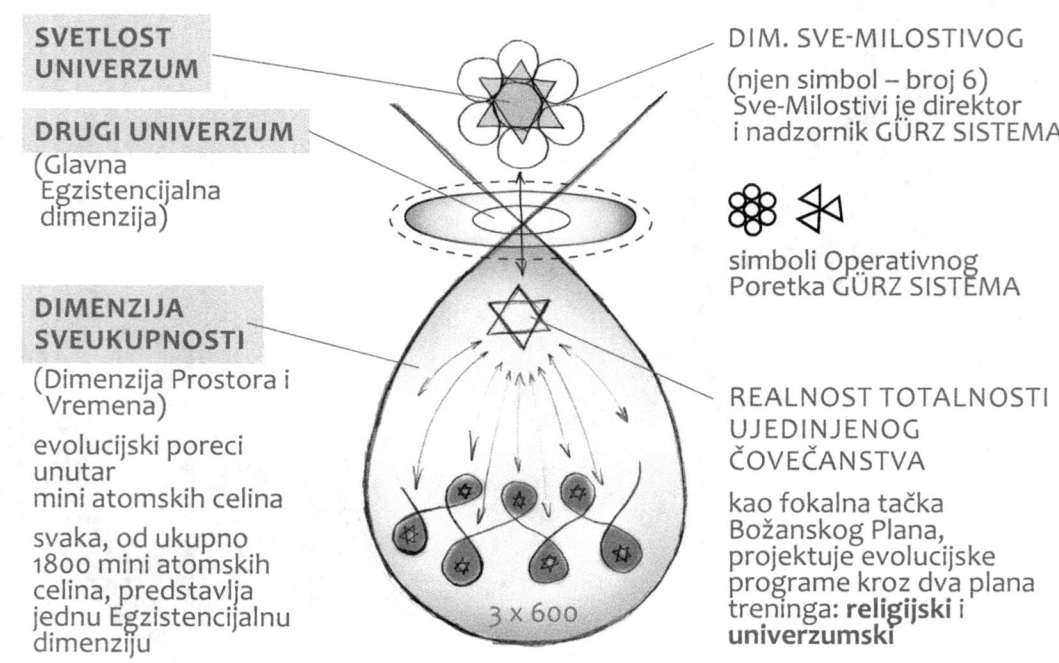

6. **Evolucijske dimenzije** – ovaj pojam je opširno razjašnjen u *Knjizi Znanja* u kontekstu solarnih sistema. Evolucijske dimenzije predstavljaju hijerarhijske evolucijske etape, okarakterisane određenim nivoom svesti. One su klasifikovane da bismo ih bolje razumeli, mada predstavljaju integrisanu celinu energetskih slojeva različitih intenziteta.

Iz praktičnih razloga, evolucijske dimenzije će pojednostavljeno biti pisane kao (na primer) 18. dimenzija, umesto 18. evolucijska dimenzija. Njima odgovarajuće energetske dimenzije (i solarni sistemi) neće biti navođene.

		Evolucijske dimenzije	Energetski intenziteti istih
Knjiga Znanja	(RAN) **OMEGA**	19 d	76
Kuran (pripremljen)	KU frekvencija	18 d	72
		17 d	68
		16 d	64
		15 d	60
		14 d	56
		13 d	52
		12 d	48
		11 d	44
		10 d	40
Novi Zavet; Kuran (diktiran)	**GOSPODNJA DIMENZIJA**	9 d	36
	DUHOVNA DIMENZIJA	8 d	32
	DIMENZIJA SAVRŠENOG LJUDSKOG BIĆA	7 d	28
DIMENZIJA BESMRTNOSTI	NIRVANA	6 d	24
5 uzvišenih vremena			
2 spokojna vremena	KARENA	5 d	20
	NEBESA	4 d	16
LJUDSKO BIĆE	PLANETA ZEMLJA	3 d	12

GOSPODNJI POREDAK

KARENA – priprema za rađanje u dim. Besmrtnosti

Solarni sistemi se međusobno razlikuju po frekvencijskom nivou (evolucijske dimenzije) i po energetskom intenzitetu (energetske dimenzije). Svakoj evolucijskoj dimenziji odgovara određena energetska dimenzija. Tako 18. evolucijskoj dimenziji odgovara 72. energetska dimenzija koja pripada 15. solarnom sistemu; dok 19. evolucijskoj dimenziji odgovara 76. energetska dimenzija i ona pripada 16. solarnom sistemu. Ljudsko biće na Zemlji započinje svoju evoluciju u 3. evolucijskoj dimenziji (12. energetska dimenzija).

7. **Omega** – 19. evolucijska dimenzija (76. energetska dimenzija); finalni domet evolucije ljudskog bića na našoj planeti; izlazni kanal zemaljske evolucije. Ova dimenzija ima 9 energetskih slojeva koji su postepeno otvoreni ka našoj planeti u periodu 1988.-2000.

Samo napredne svesti su u stanju da privuku energije nivoa 6, pa na dalje. Da bi se privukle i apsorbovale energije 7. i 8. Omega sloja, neophodno je posedovati *smirenost, snagu volje, strpljenje* i vladati se u duhu *filozofije Tri Majmuna*.

Ova filozofija podrazumeva potpunu kontrolu ponašanja pojedinca zarad očuvanja kako harmonije u komunikaciji sa drugima tako i ličnog unutrašnjeg mira. U tu svrhu je neophodno pretendovati da nismo ni čuli ni videli to što jesmo i čuli i videli, i uzdržati se od komentara pogotovu onih nastalih isključivo iz naše lične potrebe da ih saopštimo. Ovo je staza treninga na kojoj naš Ega treba da nauči da preživi sopstvenu nebitnost.

OMEGA ENERGETSKI SLOJEVI

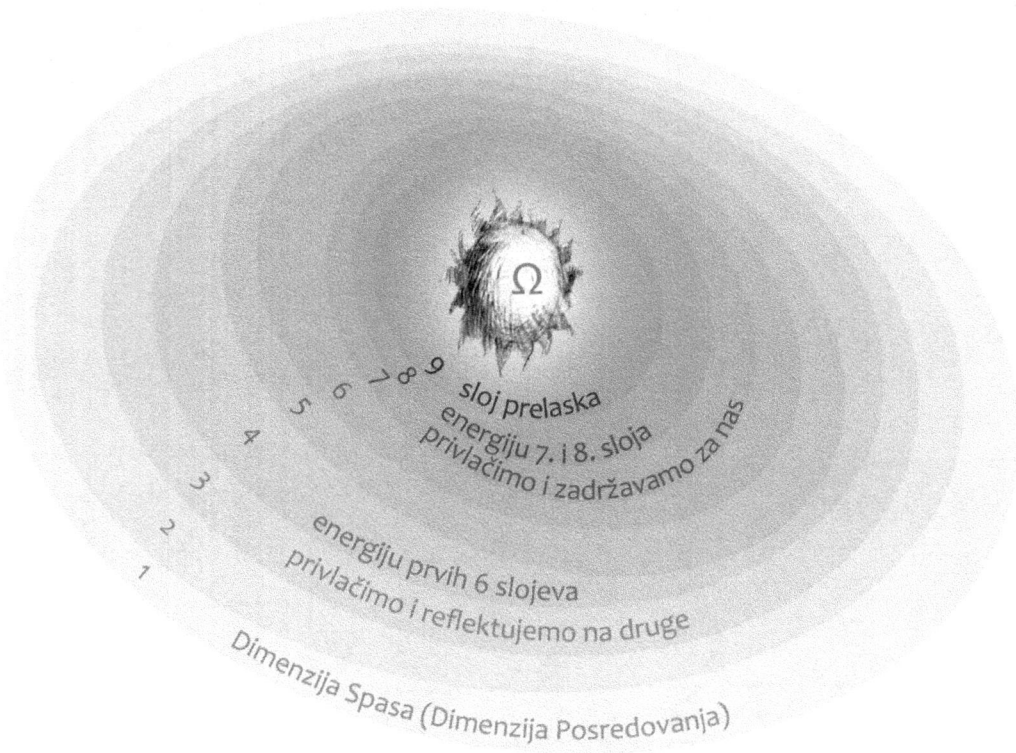

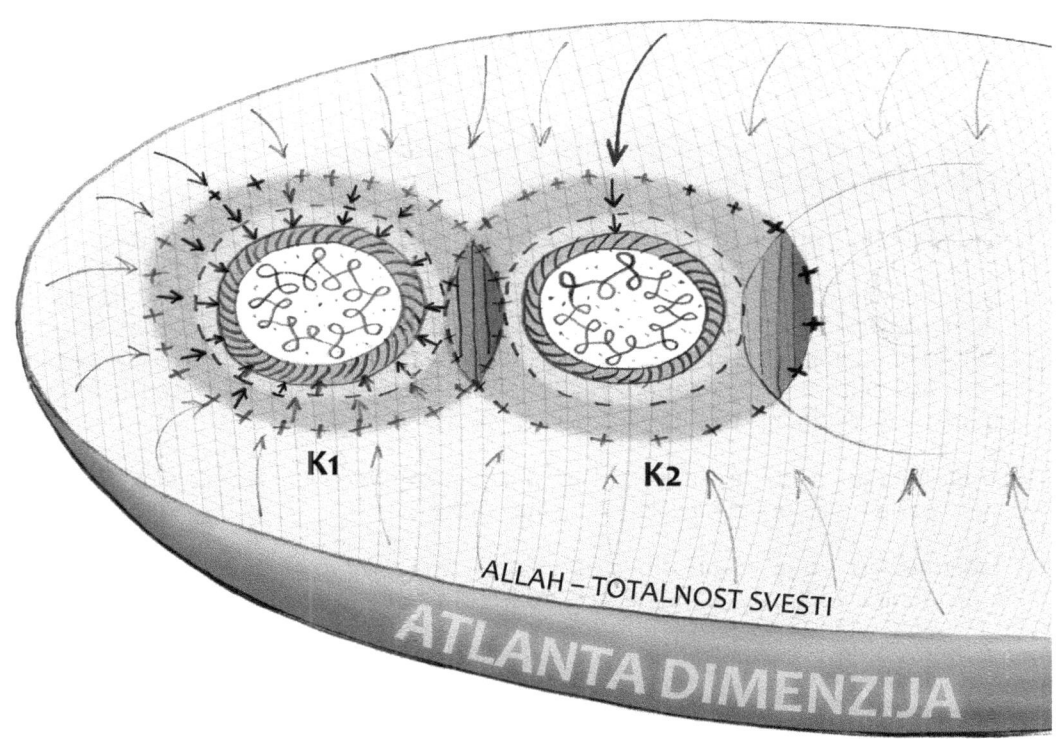

ALLAH –
TOTALNOST SVESTI

DIMENZIJA ISTINE (KÜRZ)

DIMENZIJA ALLAHA (O¹)

OKEAN SVESTI
VELIKA ATOMSKA CELINA

OKEAN MISLI PREUZVIŠENE MOĆI
(GLAVNA ATOMSKA CELINA –
NJEN NADZORNIK – SVEMOĆNI)

8. **Dimenzija Istine** se takođe naziva i *Dimenzija Sve-Istinitog* ili *Kürz* (K). Postoji ogroman broj ovih dimenzija unutar Totalnosti Svesti (Allah). One su poput prstenova koji prodiru jedan u drugi i čine nepregledni lanac.

Gürzovi, ili atomske celine, plutaju Okeanom Misli Pre-Uzvišene Moći, a Okean Misli pluta po Okeanu Svesti unutar svakog Kürza.

Naša planeta, smeštena u jednom jedinom prirodnom Gürzu, zajedno sa milionima tzv. *veštačkih Gürzeva*, pripada totalnosti prvog Kürza. Nijedno ljudsko biće poteklo iz egzistencijalne dimenzije našeg Gürza nije napustilo naš Gürz, i nije prešlo iz prvog u drugi Kürz. Međutim, na našu planetu su poslati mnogi entiteti iz drugog Kürza.

9. **Spoznaja** – sposobnost uviđanja, percepcije i osećanja, neophodna za sprovođenje akcije. Ima više aspekata spoznaje. Zemaljska i univerzumska spoznaja, kao i svest, operišu na veoma različit način.

10. **Duh** – životna moć grube materije; u svetim knjigama se smatra da je duh veza između fizičkog tela i Božje energije.

11. **Ljudsko telo** – oblik sačinjen od grube materije pripremljen za evoluciju energije.

12. **Srebrno uže** – nevidljivo energetsko uže povezano na naš mozak koje nas spaja sa životnom energijom Duhovnog Plana. Našim ćelijskim programom se operiše putem napajanja kroz ovu vezu. Astralna putovanja i povratak u naše telo se takođe obavljaju putem ovog užeta, a razdvajanje srebrnog užeta od našeg fizičkog tela predstavlja događaj koji nazivamo *smrt*.

13. **Volja Totala** – deo ove volje je prisutan u ljudskom biću kao *parcijalna volja*, na čijim osnovama funkcioniše naša *individualna volja*.

14. **Individualna volja** – autoritet donošenja ličnih odluka. Snagom personalnosti, individualna volja nas vodi u naručje Volje Totala.

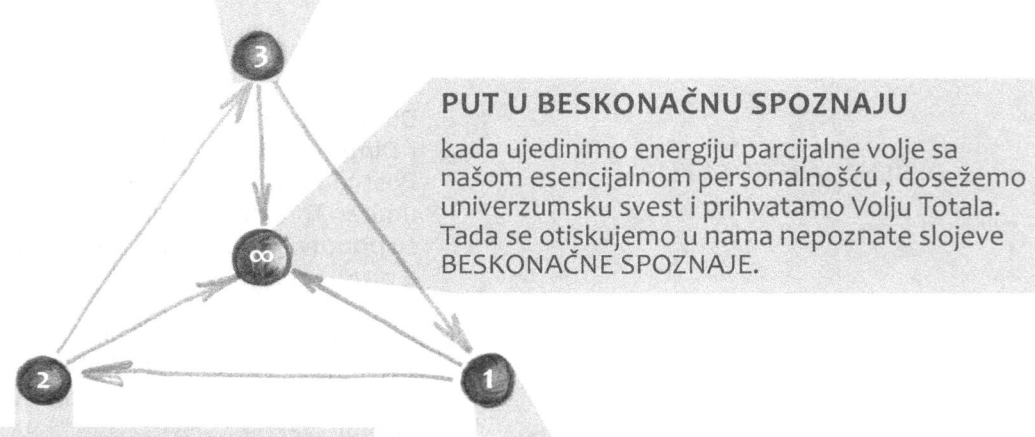

VOLJA TOTALA
predstavnik je SVE-MILOSTIVI – ova volja je univerzumska svetlost. Evolucija nas pročišćava da bismo našim telom i našom personalnošću mogli energetski da dosegnemo Volju Totala.

PUT U BESKONAČNU SPOZNAJU
kada ujedinimo energiju parcijalne volje sa našom esencijalnom personalnošću, dosežemo univerzumsku svest i prihvatamo Volju Totala. Tada se otiskujemo u nama nepoznate slojeve BESKONAČNE SPOZNAJE.

INDIVIDUALNA VOLJA
volja sprovođena snagom naše esencijalne personalnosti – aktiviramo je na podlozi parcijalne volje.

PARCIJALNA VOLJA
Božja energetska čestica u nama koja nas povezuje sa Voljom Totala, i vodi ka njenom energetskom intenzitetu.

PUT KA BESKONAČNOJ SPOZNAJI SE OTVARA PO USVAJANJU VOLJE TOTALA

15. **Božanski Plan** – Božji Sistem; Hijerarhijski Poredak Gospodnjih energija ustanovljen od strane Dimenzije Svemoćnoga.

16. **Alfa kanal** – Esencijalni kanal Allaha.

17. **Deveta dimenzija** – Gospodnja dimenzija – u univerzumskom uređenju; u svetim svetim knjigama je nazvana Dimenzijom Smirenosti.

18. **Gürz** – Gürz Kristal, ili Glavni Univerzum, je celina koja sadrži celokupnu formaciju Sistema Allaha. Takođe se zove i *atomska celina*. Njen oblik podseća na srednjevekovno oružje (buzdovan) – ovalni, nazubljeni malj čiji je svaki kristalni "zub" dug 199.500 milijardi kilometara.

    Prvi ikada stvoreni Gürz (mi živimo u njemu) se smatra jedinim prirodnim od svih postojećih Gürz Kristala. On je stupio u egzistenciju po završetku procesa formiranja prirodne energije i grube materije. Interesantno je da je ljudsko biće stvoreno na našoj planeti – koja je kako nukleus-svet naše mini atomske celine tako i glavni nukleus-svet celog prirodnog Gürz Kristala.

    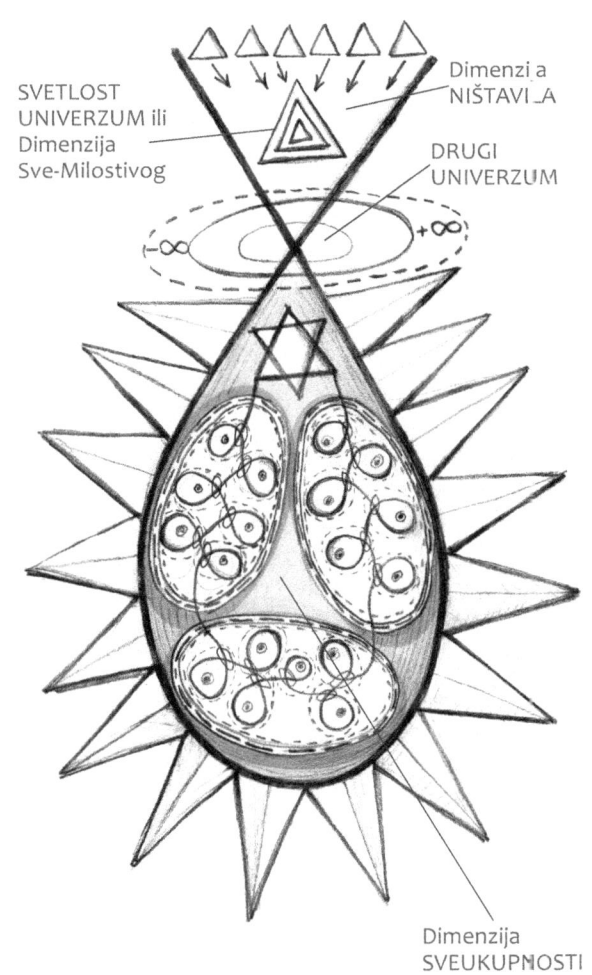

    Milioni drugih Gürzeva, koji su kasnije nastali, se smatraju veštačkim i nazivaju se *perlama*. Svi do sada stvoreni Gürzevi su Alfa generacija Gürzeva i međusobno su povezani specijalnim energetskim užadima. Ova struktura, poput kristalne ogrlice, pluta Okeanom Misli Pre-Uzvišene Moći (čiji je nadzornik Svemoćni), a Okean Misli pluta po Okeanu Svesti.

    Na Okean Svesti, Dimenzija Allaha (O), smeštena unutar Dimenzije Istine (Kürz), reflektuje Svest iz Totalnosti Svesti (takođe videti objašnjenje 8).

    Unutar Totalnosti Svesti postoji naizgled beskrajan broj Dimenzija Istine, to jest Kürzeva. Mi trenutno prolazimo kroz završne faze trening programa prvog Kürza, koji nam se prezentiraju unutar njegovog prvog, i jedinog prirodnog, Alfa Gürza. Totalnost Svesti predstavlja jedinstvenu fokalnu tačku moći Allaha.

    Iza ove celokupne tvorevine, nalazi se Zlatna dimenzija (Atlanta Civilizacija) koja predstavlja prvi savršeni Poredak Allaha. Pre nekih dve milijarde godina, ova civilizacija je osnovala ogranak na našoj planeti – podvodnu civilizaciju Atlantis

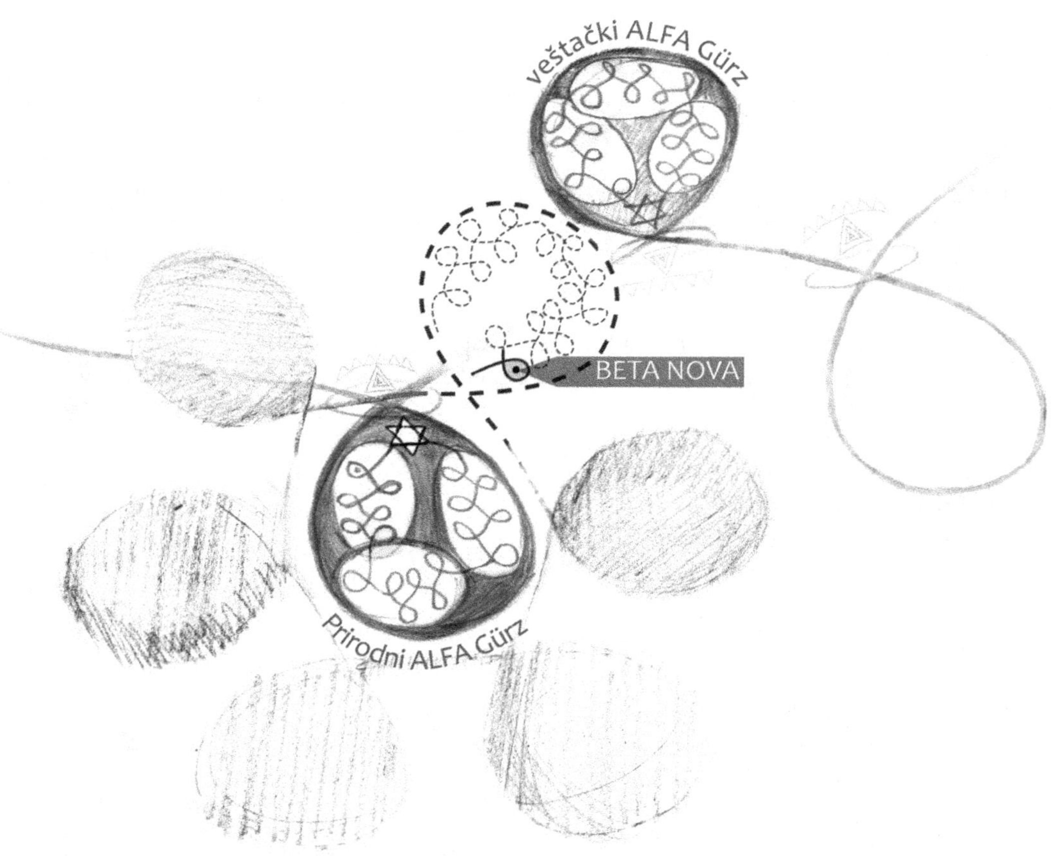

19. Beta Nova – relativno nova planeta stvorena pre oko sto godina kao rezultat kompresije energije između našeg prirodnog Alfa Gürza i, njemu susednog, prvog veštačkog Alfa Gürza unutar Okeana Misli Pre-Uzvišene Moći. Beta Nova planeta je pripremljena da na sebe okupi sve one iz našeg prirodnog Alfa Gürza, kao i entitete iz veštačkih Alfa Gürzeva, koji uspešno prođu neophodne evolucijske testove – i da ih uzme u sledeći nivo treninga.

Beta Nova je nukleus-svet prve mini atomske celine prvog budućeg Beta Gürza, namenjenog isključivo istinskim ljudskim bićima. Ovi procesi su pod nadzorom Allahovog Sistema i rezultiraće stvaranjem Realnosti Super Ljudskih Bića.

formacija budućih 6 Beta Gürzeva oko Alfa jezgra

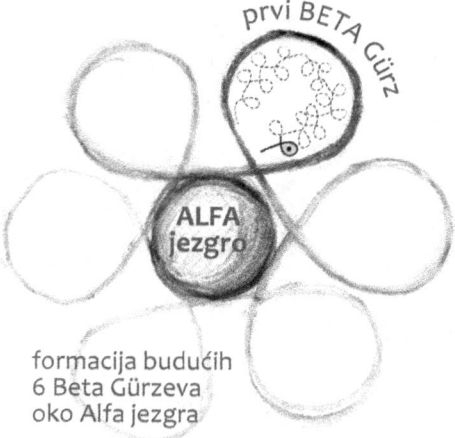

20. Beta Gürz – atomska celina unutar Beta Nova Totalnosti. Ova Totalnost će se sastojati od 6 Beta Gürzeva u formaciji cveta sa 6 latica.

Beta generacija Gürzeva nije povezana sa Alfa Gürzevima, mada nastaje unutar Okeana Misli Pre-Uzvišene Moći gde su smešteni i svi Alfa Gürzevi. Beta Gürzevi će stvoriti svoje sopstvene komunikacijske kanale i ogranke svog poretka.

Beta Nova Totalnost će nositi u sebi potencijal Allaha. Jednom kad bude kompletirana, u njenom centralnom delu, (okružen sa 6 Beta Gürzeva) naćiće se naš prirodni Alfa Gürz ojačan kondenzovanim potencijalom miliona veštačkih Alfa Nova Gürzeva. Ovo je program milijardi vekova čiji je cilj da ponovo stvori Zlatnu dimenziju.

21. **Mozak** svakog biološkog tela je univerzumski kompjuter. Mi smo biološki roboti sposobni da otkrijemo sami sebe i naše Esenijalno Ja, dok služimo u uređenju kosmosa. Jednom kad dosegnemo nivo na kojem naša moždana moć rešava tajne, mi počinjemo da otkrivamo univerzume i nepoznate vremenske dimenzije.

22. **Integrisano ljudsko biće** – povezivanje svesti naše Esencije sa zemaljskom logikom označava integraciju srca i intelekta. Od tada, zemaljski intelekt deluje shodno svesti i glasu našeg srca, i doseže savršenstvo.

23. **Nirvana** – 6. dimenzija; Dimenzija Besmrtnosti i finalna dimenzija evolucije putem *Filozofija Dalekog Istoka*.

24. **Dimenzija Sve-Milostivog** – Sve-Milostivi je administrativna Moć celokupnog Gürza; Dimenzija Sve-Milostivog je totalnost Centralnih Sunca smeštena unutar Svetlost Univerzuma – koji je jedna od tri prirodne celine svakog Gürza. Druge dve celine su Glavna Egzistencijalna dimenzija (ili Dimenzija Adama i Eve ili Drugi Univerzum) i Dimenzija Sveukupnosti (ili Dimenzija Evolucije).

25. **Horizontalna evolucija** – religijsko ispunjenje.

26. **Vertikalna evolucija** – prelaz iz religijske u univezumsku svest; dosezanje evolucije dimenzije Totalnosti Realnosti i ulazak u njeno zaštitno magnetno polje (takođe videti objašnjenje 27 i 29).

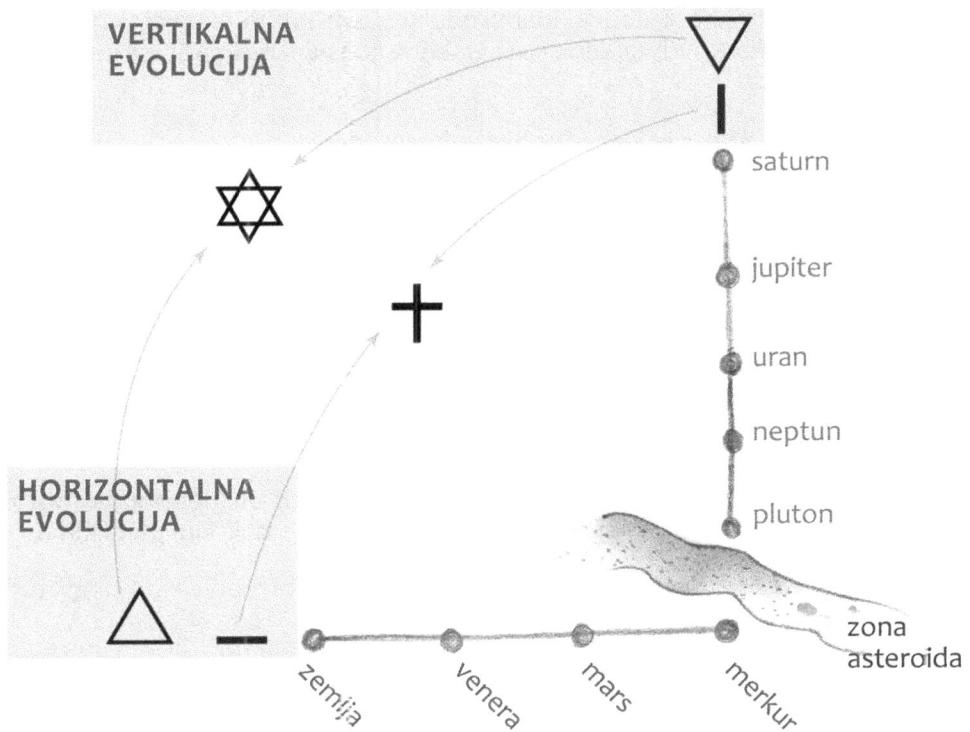

27. **Šestokraka zvezda** – u formi dva preklopljena jednakostranična trougla, predstavlja Fokalnu Tačku Božanskog Plana unutar Gürz Kristala. Ta Fokalna Tačka je Totalnost Realnosti (Kozmoz) i ona reflektuje Total unutar Gürz Kristala (takođe videti objašnjenje 26 i 29).

28. **Zlatno Doba** – Reformski Poredak Allaha.

29. **Totalnost Realnosti** (Kozmoz) je centar dimenzije Ujedinjenog Čovečanstva i mreža refleksije Božanskog Plana. Totalnost Realnosti se zove i *Jedinstvo Allaha*, ili *JEDAN*. To je fokalna tačka dimenzije koja nam predstavlja Gospodnje, Duhovne i Tehnološke Poretke i posredovala je kako u prenošenju svetih knjiga tako i *Knjige Znanja* na našu planetu. Realnost takođe sve vreme nadgleda primenu programa vezanih za evolucijske linije inicirane ovim knjigama – *horizontalnu* i *vertikalnu* (takođe videti objašnjenje 26 i 27).

30. **Mehanizam Uticaja** je mehanizam projekcije Plana koji orijentiše razne frekvencijske dimenzije ka Zemlji. Ovi kosmički uticaji upućeni na našu planetu se pripremaju shodno evolucijskom nivou zajednice i dolaze iz 10. dimenzije.

31. **Programi selekcije** teku ne samo u našem prirodnom Alfa Gürzu, već i u svim veštačkim Alfa Gürzevima a uvedeni su zbog prelaska iz Trećeg u Četvrti Poredak Allaha.

    Naša planeta je glavni nukleus-svet našeg Gürza. Ona je takođe i nukleus-svet naše mini atomske celine, zatim majka svih kosmosa/univerzuma, te tako i majka našeg prirodnog Gürza. Zemlja predstavlja ulaznu i izlaznu kapiju ljudske evolucije u našem Gürzu. Stoga je ona tokom XX, XXI i XXII veka scena ekstremno ubrzanih inkarnacija i finalnih selekcionih ispita na Božjoj stazi u našem celom Gürzu.

    Oni iz veštačkih Alfa Gürzeva, koji prođu testove svojih evolucijskih sredina, biće okupljeni na Beta Novoj zajedno sa savršenim ljudskim bićima stasalim unutar našeg prirodnog Gürza.

32. **Gospod Sveta** – Upravljajuća Moć Svet-dimenzije.

33. **Poreci Allaha** – načini uspostavljanja jedinstva i načini upravljanja.

34. **Četvrti Poredak Allaha** – Program Univerzumskog Ujedinjavanja.

35. **Tehnološka dimenzija** – hijerarhijski poredak koji projektuje Sistem Allaha na celokupno uređenje kosmosa. Da bi nam ova dimenzija bila otkrivena, čovečanstvo je trebalo da dosegne nivo svesti koja prihvata suverenitet Boga i njegovu Singularnost. Pošto je taj nivo ostvaren u dovoljnoj meri, naša planeta je dobila dozvolu da joj Tehnološka dimenzija objasni univerzumske istine.

36. **Univerzumski programi** primenjeni na našu planetu su neophodni obzirom na univerzumske zakone. Ovi programi nisu ograničeni zemaljskim gledištima.

37. **Elektronski format** *Knjige Znanja* ne poseduje svetlost-foton-ciklon tehniku.

38. **Genske šifre** – svaki gen je mini kompjuter, okarakterisan specifičnim univerzumskim programom.

39. **Ljudska magnetna aura** – mreža magnetne energije formirana od naših misli; fokalna tačka refleksije paralelna našoj moći.

40. **Berzah** – dimenzija ekstremno moćne energije koja će biti otvorena u budućnosti. Njena energija će otopiti i izgoreti slabe energije zajedno sa njihovim konstitucijama i uništiti totalnosti entiteta, ne ostavljajući pri tom ni trag o njihovom postojanju. Samo će Duhovne energije biti u stanju da opstanu u susretu sa Berzah energijama. Otuda potreba da potražujemo našu Esencijalnu moć iz Duhovnog Plana i tako ujedinimo naše biološko telo sa Duhovnom energijom koja mu pripada (da dosegnemo 7. dimenziju). *Knjiga Znanja* pomaže da se na taj način spojimo sa nama samima, te tako osigurava našu egzistenciju.

41. **Solarni Učitelj** – osoba trenirana od strane Totalnosti Realnosti (Kozmoz) koja služi na stazi *Knjige Znanja*.

42. **Karma** – podsvesni impuls koji catu osobu vodi ka ponavljanju događaja, zbog toga što ne uspeva da nauči lekcije iz njih. Da bismo postali savršena ljudska bića, potrebno je da se oslobodimo celokupne karme.

43. **Dimenzija Allaha** – Administrativna Moć Kürza (Dimenzije Istine).

44. **Zakoni i Pravila Poslušnosti** – hiljadama godina nebeski autoriteti ulažu napore u naše obrazovanje da bi probudili istinsko ljudsko biće u nama; ono koje će bezuslovno poštovati univerzumsko uređenje i služiti mu.

    Stoga je, shodno Božjem projektu evolucije, ljudsko biće uzeto u program disciplinovanja kako bi mu vremenom Univerzumski Zakoni bili otkriveni. Danas nam isti nebeski autoriteti objašnjavaju putem *Knjige Znanja* da će ljudsko biće uništiti samo sebe ako ostane privrženo sopstvenom individualističkom gledištu i ako ne sledi sugestije date ovom knjigom. Lekcije o bezuslovnom prihvatanju, veri i odanosti nam nisu uzalud davane kroz religijske tekstove.

45. **Molitve** nas povezuju na energiju dimenzije iz koje dolaze.

Želela bih da izrazim najdublju zahvalnost
roditeljima koji su mi poklonili svoje gene i ogromnu ljubav.
Suprugu zahvaljujem za beskrajnu podršku, razumevanje i saradnju,
a sinovima, Urošu i Filipu, za prelepu svetlost
kojom nas obasjavaju.

Allahu HVALA za SVA iskustva koja mi je omogućio,
a posebno za dozvolu da služim na stazi *Knjige Znanja*.

Milena

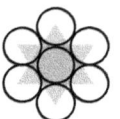

www.ingramcontent.com/pod-product-compliance
Lightning Source LLC
LaVergne TN
LVHW061216060426
835507LV00016B/1970